战后日本经济的成败启示

[日] 石原享一 著

肖 燕 梁憬君 译

世界图书出版公司

北京·广州·上海·西安

图书在版编目（CIP）数据

战后日本经济的成败启示 /（日）石原享一著；肖燕，梁憬君译. —北京：世界图书出版
有限公司北京分公司，2018.9
ISBN 978-7-5192-5131-4

Ⅰ.①战… Ⅱ.①石… ②肖… ③梁… Ⅲ.①经济史—研究—日本—现代 Ⅳ.① F131.395.3

中国版本图书馆 CIP 数据核字 (2018) 第 213633 号

SENGO NIHON NO KEIZAI TO SHAKAI: HEIWA KYOSEI NO AJIA E
by Kyoichi Ishihara
©2015 by Kyoichi Ishihara
Originally published in 2015 by Iwanami Shoten, Publishers, Tokyo.
This simplified Chinese edition published 2019
by Beijing World Publishing Corporation, Ltd., Beijing
by arrangement with Iwanami Shoten, Publishers, Tokyo

书　　名	战后日本经济的成败启示	
	ZHANHOU RIBEN JINGJI DE CHENGBAI QISHI	
著　　者	[日]石原享一	
译　　者	肖　燕　梁憬君	
责任编辑	刘小芬　胡雅芸	
出版发行	世界图书出版有限公司北京分公司	
地　　址	北京市东城区朝内大街 137 号	
邮　　编	100010	
电　　话	010-64038355（发行）　　64033507（总编室）	
网　　址	http://www.wpcbj.com.cn	
邮　　箱	wpcbjst@vip.163.com	
销　　售	新华书店	
印　　刷	北京博图彩色印刷有限公司	
开　　本	710 mm × 1000 mm　1/16	
印　　张	11	
字　　数	170 千字	
版　　次	2019 年 1 月第 1 版	
印　　次	2019 年 1 月第 1 次印刷	
版权登记	01-2018-6089	
国际书号	ISBN 978-7-5192-5131-4	
定　　价	35.00 元	

借鉴视角下的日本经济问题研究

经历了四十年的高速增长，我国经济增长进入了一个高质量发展的新时代。如何更好地完成经济转型，我们不仅要认真总结改革开放四十年来的经验，也要从亚洲高速增长后转型的经济体的发展历程中寻找可以借鉴的经验。正如俗话所讲的"他山之石，可以攻玉"。

研究日本经济问题的著书很多，各有千秋，但石原享一先生的著作却是另辟蹊径，从借鉴的视角重新研究日本经济，为读者推开了另一扇大门。

石原享一先生是当代有实力的发展经济学家，从一桥大学博士毕业后，他一直从事发展经济学的研究。尤其是他对中国经济问题的研究，在发展经济学界独树一帜。我们于1985年相识后，他一直帮助我研究中国的价格改革问题。1990年我们进行了为期10个月的合作研究。他帮助我重点研究了二战后日本放开价格管制，恢复建立市场，尤其是生鲜食品批发市场和大宗商品期货市场的历史。这项研究借鉴日本的经验，为我国的价格改革以及建立批发、期货市场服务，对于我设计中国的期货市场帮助很大。

在与石原先生的长期接触中，我深深为他的人品和学问所折服。他不仅有真学问，有大师级的研究能力，还是一个正直的学者，是一个超越了国家民族狭义概念的仁者。他有着一颗善良的心，尊重发展中国家的人民，发自内心地平等对待还处于贫困状态的发展中国家人民。

由于石原先生是一位发展经济学家，所以他研究日本经济问题的角度和研究目的均与众不同。他是从给发展中国家提供借鉴的角度来进行研究的，目的是为发展中国家的学者们提供借鉴。为了避免其他国家重蹈覆辙，他既讲了经验，也重点研究了日本经济发展的问题，如日本的泡沫经济问题。

　　研究日本经济的书籍大多是盲人摸象、各执一词,虽不乏硕果,但是大道至简,像石原先生这样全面、纵向、客观地从借鉴的角度研究日本经济的书还是少见,推荐给读者共同分享、研究。

中国期货市场创始人

原国务院发展研究中心研究员

中国农业大学期货与金融衍生品研究中心主任、教授、博导

常清

自1990年起，笔者几乎每年都会就二战后日本发展历程这一主题进行相关专题讲座。该讲座是由日本外务省主管，由日本国际协力机构（JICA）和日本国际协力中心（JICE）实施的"邀请中国青年赴日研修项目"中的一环。

此外，从1996年开始，笔者在神户大学开设的本科理论课和研究生院讨论课上，指导了来自中国、韩国、蒙古、泰国、马来西亚、越南、澳大利亚、伊拉克、巴西、美国、法国、波兰等国家及中国台湾、香港等地区的留学生。2013年调任北海商科大学后，在笔者承担的本科和研究生讨论课与理论课上，也有来自中、韩等国的留学生的身影。

同时，在日本关西地区工作的17年当中，笔者还在太平洋人才交流中心（PREX）面向中国、越南以及南亚国家等地行政干部和企业管理人员设立的研修课程中担任讲师。

长达30余年的授课经历让笔者有很多话想传达给肩负亚洲未来重任的亚洲青年们，特别是希望赴日留学的青年们。此书就是这些话语的浓缩。本书大部分内容脱胎于拙著《戦後日本の経済と社会—平和共生のアジアへ（战后日本的经济与社会——迈向和平的亚洲）》（岩波Junior新书，2015年）。

留学生是日本的瑰宝。在少子老龄化问题日益严峻的日本，他们很可能成长为日本经济发展的生力军，未来他们也将是连接各自祖国与日本的桥梁。

进入21世纪后，日本政府实施积极吸纳海外留学生的政策，以亚洲生源为主的众多留学生赴日学习。2010年达到一个高峰，共计14.2万人赴日留学。2011年东日本大地震后留学生人数一度减少，而后逐年增加，并于2017年达到26.7万人。其中，来自中国的留学生人数位列第一，占留学生总人数的60%，其次是韩国和越南。留日学生人数的增长意味着日本海外人脉的扩展。

二战后，日本从废墟中站起来，取得了举世瞩目的经济成就，同时也经历了环境污染、泡沫经济、核电站事故等不值得夸耀的事件。

　　笔者认为，与亚洲青年们共享这些正、反两方面的经验，有望探索出亚洲今后的发展方向。

　　贯穿本书的主题，正如两位出生在20世纪30年代初期的作家——野坂昭如与永六辅的对话（《邮购生活》，2013年秋冬号）中所说，是"不要让孩子们身处战火与饥饿中"。这对任何国家、民族的孩子来说都是一样的。

　　究竟如何才能营造出这样一个社会，能让全世界的孩子们都能平安、无忧地生活呢？答案便是笔者在拙著《知と実践の平和論—国際政治経済学と地域研究》（明石书店，2007年）[1]中曾提到的，要消除贫困、饥饿、暴力、歧视这些战争诱因，充实和完善环境、教育、福利等社会性共同资本。为了充实社会性共同资本以及保护环境，日本必须停止核能发电。核电追求的是眼前利益，正不断产生放射性核废料，遗毒子孙后代。若被利欲蒙蔽了双眼，无论个人还是国家都会误入歧途。

　　近年，煽动国民与国家间对立的国家主义（nationalism，下文同）情绪在东亚有所抬头。

　　要与这些利用国家主义情绪谋一己私利的人对抗，亚洲各界、各阶层的人们就必须跨越国家界线团结起来。至于团结的基础，本书认为正是"反战、不战以及脱核电"这一共同理念。

　　在各国设立类似"越平联"[2]、"市民网络"等团体组织，并联合起来也不失为一个办法。上学期间，大家要与自己的同学们充分交流。因为二三十年后，当年的校园人脉会产生一股不可忽视的力量。

　　让我们竭尽所有的智慧来实现亚洲和平共生的美好愿景吧。实现亚洲团结的桥梁正是诸位年轻读者。

石原享一

---

① 《知と実践の平和論—国際政治経済学と地域研究》已由本书译者翻译并在国内出版，书名为《世界往何处去》（世界知识出版社，2013年）。——译者注
② 即"'实现越南和平！'市民联合会（'ベトナムに平和を！'市民連合）"的简称。该联合会曾是日本国内的一个反越战反美的和平组织，脱胎于1965年4月24日成立的"'实现越南和平！'市民文化团体联合会"，1966年10月16日改名为"'实现越南和平！'市民联合会"，后于1974年解散。——译者注

目录

第 **1** 章

二战后日本复兴与民主化

1. 日本的战争教训

20世纪30年代日本进入全面战时体制。尤其是1937年侵华战争（日本称"日中战争"）爆发，1941年太平洋战争开战，日本军事入侵亚洲国家和地区，给当地人民带来了巨大灾难。整个亚洲地区死亡2000万人，惨遭日军杀戮、施暴、强奸、抢掠的不计其数。

日本自身也深受战争之害，共计310万军人、平民葬身硝烟中。战争末期，在整个亚太地区，许多日本士兵因武器、弹药、粮草补给断绝而自尽或饿死。在冲绳、南库页岛、北千岛群岛等地，由于日军指挥部的无能与不理智，很多无辜、鲜活的生命白白地被断送了。①

日本几乎所有大城市都遭到美军的地毯式轰炸。大量民房被烧毁，平民死于非命。美军在广岛、长崎投掷原子弹，十余万人瞬间丧命，而幸存者大部分终其一生都受到核辐射后遗症的折磨。

1945年8月二战结束时，日本国内工业生产总值只及1934~1936年平均水平的十分之一。同时，由于大多数农村家庭的青壮年劳动力都应征入伍，农业生产也大幅滑落。按照当时的农业生产水平推算，将有1200万人死于粮食不足。

那么，日本究竟为何贸然发动这场毫无胜算又令亚洲人民深恶痛绝的侵略战争呢？这其中包含了日本人必须反躬自省的重要问题，同时也是日本二战后迈上和平发展之路的指路石。

---

① 坂本悠一：《帝国统治最前线：殖民地》，吉川弘文馆，2015年。

（1）"脱亚入欧"论的错误

明治政府的成立背景及其拟定的国家目标本身就暗含危险因素，导致日本日后走上侵略亚洲的战争之路。这是亟须反思的第一点战争教训。

自美国佩里舰队提出开国要求（即"黑船事件"），德川幕府三百年的太平美梦一朝破灭，日本进入幕末动乱期。彼时，近邻中国（清朝）刚刚结束鸦片战争，国土惨遭蹂躏，还被迫满足帝国主义列强提出的各种无理要求。为免重蹈覆辙，无论是向幕府进言要创建海军的幕府内臣胜海舟[1]，还是联合萨摩、长州共同倒幕的坂本龙马[2]，无不日夜苦思，希望团结日本上下，全力对抗西方列国强大的军事经济力量。明治维新后，日本宣扬国家主义，提出富国强兵路线，加快建设现代化国家，即源于这种躲避西方列强殖民统治、维护日本独立的需要。

然而，对抗西方帝国主义列强、维护国家独立的初衷又是因何演变为效仿西方列强，最终步入践踏亚洲之歧途的呢？

作家司马辽太郎认为，直至1904年日俄战争，日本尚有抗强扶弱的青云之志，外交、军事战略也合理、科学。其代表作品之一《坡上云》（也译作《坂上之云》，日文原名『坂の上の雲』）即体现了这一观点。联想日俄战争后日本以军部为主导，煽动精神至上论的招魂说，武器物资缺乏补给却一味扩大战线的做法，司马的观点确有其合理的一面。但笔者却认为，早在日俄战争爆发以前，日本的政策及行动就已暴露其觊觎亚洲的野心。

1874年，即日俄战争爆发30年前，日本借口漂流至中国台湾的琉球人遭

---

[1] 胜海舟（1823～1899）：日本幕末的开明政治家。幕府崩溃前夕，任陆军总裁。他主张同讨幕军议和，使江户和平开城。后在明治政府中任海军卿等职。明治维新后，新政府曾任命胜海舟为参议兼海军卿。但不久他便辞职退隐，在东京赤坂冰川町的邸宅吟诗作画，为文著书。1887年（明治20年）被授予伯爵。1899年（明治32年）因脑出血去世，终年76岁。——译者注

[2] 坂本龙马（1835～1867）：日本明治维新时代的维新志士，倒幕维新运动活动家，思想家。他是促成萨摩及长州二藩建立军事同盟的重要人物之一，而其主张的政权归还天皇朝廷，并设想建立以天皇为中心的新的国家政权体制的思想，也成为后来维新政府的重要指导方针。坂本壮志未酬就被暗杀。据说暗杀他的既有幕府方的新选组，也有蓄意同幕府发生武力冲突的萨摩藩。——译者注

到台湾原住民袭击，悍然出兵台湾。翌年，战死台湾的12名日本士兵的灵牌移入靖国神社（当时为东京招魂社）。就是从这时，靖国神社开始同时供奉日本国内与海外战死者，日本开始鼓吹国家主义。

1894年中日甲午战争爆发，日本迫使清政府割让台湾。此战为日本1910年吞并朝鲜半岛以及1932年成立伪满洲国扫清了障碍。

江户—明治时期具有代表性的学者、庆应义塾大学创办者福泽谕吉将甲午战争定位为"文明与野蛮的战争"。他将日本视为文明一方，将清朝列入野蛮一侧。

谕吉因倡导"脱亚入欧"，主张"日本应谢绝亚细亚东方之恶友而与文明国度共进退"而闻名。向先进国家学习这一做法本身没错，为"天理人道"而"不惧英美军舰"的气概[①]更值得称道，但他一味避忌日本的亚洲身份，欠缺对抗西方殖民主义的亚洲立场。

有同样倾向的是与庆应义塾大学并誉为日本"私（立大）学双雄"的早稻田大学。1915年，日本向中国提出"二十一条"，当时的内阁总理大臣即为早稻田大学的创立者大隈重信。

可以说，明治以后日本崇拜西欧、蔑视亚洲的思潮本身就孕育了日后侵略亚洲的萌芽。日本在以西方诸国为楷模加以学习之时，也步其后尘走上了帝国主义侵略之路。

年轻的朋友们，大家在学习前人经验时切不可丧失主体判断力，毫无批判地全盘接收绝非正确的学习态度。

（2）日本的反战思想

关于日本的战争教训，希望诸位了解的第二点是，当年在日本也有不少有识之士是反对亚洲侵略战争的。

前文提到的胜海舟就曾谏言江户幕府，与朝鲜、中国（清朝）两国联

---

① 出自福泽谕吉《劝学篇》。

手，共同对抗西方列强的侵略。明治政府成立后，胜海舟仍秉持这一立场，反对甲午中日战争。在其自传《冰川清话》中，他表达了如下观点：

> 日清战争①，我是坚决反对的。要说为什么，兄弟打架这种事，连狗都不屑。就算日本赢了又怎样？支那②最好还是像狮身人面像那样在西方人面前保持神秘感。他们一旦知道了支那的真实实力，肯定会像饿狼一样扑过来。最好趁欧美人还不了解的时候，日、支合作搞搞商业、工业、铁路什么的。毕竟支那五亿民众对日本来说是最大的客户。况且支那自古以来不一直都是日本的老师吗？所以东方的事最好由东方自己来解决。

在日本历史教科书中，西乡隆盛一直被描述为征韩论者③。不过正如1890年编纂的《西乡南洲翁遗训》中所述，西乡认为对未开化之国行残忍之事、谋己私利的西方之行径才是真正的"野蛮"。

> 真正之文明，面对混沌之国，本应以自爱为本，苦口婆心教谕开化之，若非此，反因之蒙昧未开而愈以武力残忍对处，图己私利，此非野蛮欤。

众所周知，幕末戊辰战争时，幕府方的胜海舟与萨摩长州方的西乡隆盛合力实现了江户城"无血开城"。而在其后的西南战争中，身为叛军将领，西乡自尽了。为给西乡正名，胜海舟曾公开表示"西乡非征韩论者也"。④

---

① 即甲午中日战争，日本称"日清战争"。——译者注
② 日本在甲午战后对中国的称呼，带有轻蔑色彩，引起当时中国人的愤怒，后于1946年停用。——译者注
③ "征韩"即征服朝鲜半岛，"征韩论"是日本国内主张向朝鲜半岛扩张的一种论调。早在江户末期，幕府就提出了"征韩论"，明治政府成立后继承了这一政治主张。——译者注
④ 伊藤昭雄：《亚洲与近代日本——反侵略的思想与运动》，社会评论社，1990年。

被中国海峡两岸人民尊为"国父"的孙文，虽未曾与胜海舟有过直接交流，却也发表过与之类似的言论。

1895年广州起义失败后，孙文数次流亡日本，得到宫崎滔天、犬养毅等日本人以及吴锦堂等在日华侨的帮助。

现存于神户舞子境内的原吴锦堂别墅——移情阁，就是孙文夫妇奔赴神户时多次投宿之处。如今，移情阁变身为孙文纪念馆，移址明石海峡大桥旁。连接本州与淡路岛的明石海峡大桥，桥下游人如织，而一旁的孙文纪念馆则闹中取静，清幽娴致。有机会大家不妨一访，缅怀孙文之志。

事业辐射亚洲的日活电影公司创始人梅屋庄吉，当年举全部身家支持孙文开展革命活动。梅屋曾明言，助力孙文乃"同志"之"盟约"，并不期回报。孙文与宋庆龄（后任中华人民共和国中央人民政府副主席）的婚礼即在东京的梅屋宅邸举行的。

东京日比谷公园内有家名为"松本楼"的餐厅，因孙文与梅屋常于此会面进餐而闻名。餐厅至今保存有宋庆龄弹奏过的钢琴。缘分最是奇妙，多年后，梅屋的孙女嫁入小坂家，而"松本楼"正是由小坂家经营的。二战结束后，致力于中日邦交正常化的冈崎嘉平太也常在松本楼组织中国问题畅谈会。[1]

孙文与日本渊源深厚，当初曾高度评价日本明治维新。日本政策逐渐转向侵略中国等亚洲国家后，孙文难掩失望。

在1919年6月22日发行的《东京朝日新闻》上，孙文以《述中国对日本所怀》为题痛批日本，认为日本追随欧美侵略政策，忘却了明治维新志士之气概。

　　乃不图日本武人逞其帝国主义之野心，忘其维新志士之怀抱，以中国为最少抵抗力之方向，而向之以发展其侵略政策焉。……乃

---

[1]　岛仓民生：《山阳新闻》，2010年7月24日。

日本人士日倡同种同文之亲善，而其待中国则远不如欧美。是何怪
中国人之恨日本而亲欧美也。

1923年，在与鹤见祐辅①的谈话中，孙文严厉指责日本"（对中国采取）错误的西方式侵略政策"，对于日俄战争后日本趁机通过南满洲铁路（满铁公司）和关东军，加强控制中国东北地区的行径，孙文首先提出日本撤出满洲的要求。

1925年3月孙文逝世。在离世前四个月左右，他最后一次到访日本。离日前，1924年11月28日，孙文在神户高等女子学校（现兵库县神户高中）进行了题为"大亚洲主义"的演讲，主张日本不应成为以武力迫使对方屈服的"西洋霸道之鹰犬"，而应以仁义道德感化对方，做"东洋王道之干城"。

今后日本对世界文化之前途，是为西洋霸道之鹰犬，或为东洋
王道之干城，有赖于日本国民周密考虑与慎重抉择。

以上引文是演讲结束后刊发讲稿时所追加的。②此外，演讲题目也并非孙文自拟，而是应日本主办方要求所定，因为汉语中"大亚洲主义"包含日本扩张政策的语义。③

组织反对日本"二十一条"运动的李大钊早年曾留学于日本早稻田大学。他批评日本的"大亚洲主义"包藏吞并中国的企图，并在1919年提出"新亚洲主义"。

虽然历史没有如果，但不可否认，在历史的各个节点也的确存在其他可能的选择。当年梅屋庄吉等一批日本人作为革命的同志，给予孙文大力支持。若日本人能听从孙文的呼吁，停止帝国主义侵略行为，选择一条与亚洲

---

① 鹤见祐辅（1885～1973）：日本高级官员、政治家、作家。
② 陈德仁、安井三吉：《孙文与神户（修订版）》，神户新闻综合出版中心，2002年。
③ 赵军：《大亚洲主义与中国》，亚纪书房，1997年。

人民共存共荣的道路，那么日本会否就此避免二战带来的毁灭性打击呢？至少，不会在战后长期为亚洲人民所憎恨吧？

二战前以及战争期间，石桥湛山[①]以《东洋经济新报》为阵地倡导言论自由，严厉批判当时的军国主义风潮。在1921年发表的题为"做好放弃一切的准备"的社论中，他主张日本放弃对朝鲜、中国台湾和满洲等地的殖民地统治以及在当地的一切权益。在题为"大日本主义的幻想"的社论中，他呼吁日本走"小日本主义"之路，即不依靠武力攫取殖民地，而借由贸易与诸国和平共处。

即便在20世纪30年代由军部主导的战时体制之下，湛山批判军部的立场仍未有丝毫动摇，他始终坚持认为："与全中国人民为敌，甚至与世界列强为敌，（对日本来说）有何好处？"

二战结束后，湛山历任吉田茂内阁大藏大臣、鸠山一郎内阁通产大臣，1956年12月就任内阁总理大臣，其宽容的自由民主思想作为新生日本的崭新标志，被寄予厚望。然而遗憾的是，湛山上任不久，就在一次全国巡回演讲结束，回到东京后病倒，不得已中途卸任，壮志未酬。

齐藤隆夫因二战时在帝国议会进行反对军部的演讲，被剥夺议员资格而闻名。齐藤曾在美国耶鲁大学学习，做过律师，进入政界后成为"异类"政治家。他是兵库县选出的众议院议员，还曾被推举为民政党党首。

1940年2月2日，齐藤就政府该如何结束侵华战争的困局进行了问责演讲。对于政府和军队借"圣战"之名相继发动"九一八"事变、"卢沟桥事变"，不断扩大在华战线的行为，齐藤严厉指责政府的管控无力与军队的不讲道义。这番反对军部的演说结束之后，帝国议会以多数赞成通过了剥夺齐藤议员资格的决议。在此之前的1936年"二二六"事变后不久，齐藤就曾因发表肃军演讲批判陆军而被取消议员资格。

---

① 石桥湛山（1884～1973）：日本第55任内阁总理大臣，著名记者和政治家，中国人民的朋友。他在战前进行反战、反侵略主义活动及战后为恢复发展中日友好关系做出的贡献，已得到社会公认和高度评价。他主张的和平发展、与亚洲近邻和平相处的"小日本主义"，如今在日本依旧发挥着影响力。——译者注

不过，得益于兵库县人民的票选支持，齐藤虽两度被褫夺议员资格，但均有惊无险，担任国会议员直至二战后。笔者认为齐藤自身不屈不挠的精神当然令人敬佩，而兵库县人民在战时体制下限制重重的"翼赞选举"[①]中依然坚持投票给齐藤也同样值得喝彩。

（3）战争的荒谬性

希望大家了解的第三点，是战争的荒谬性。

一旦战争爆发，正义、法律秩序都统统不复存在。

战争常源于社会中的贫困、差距与歧视。好战派利用人们对社会的不满，煽动国家主义和敌对情绪，轻而易举就将人们诱入战争深渊。

1929年的世界经济大萧条也波及日本，给日本带来巨大影响，史称"昭和恐慌"。农产品价格下跌直接打击了以大米和生丝为主的日本农业，农民生活陷入困顿。土地租赁纠纷频发，不少农村家庭因为贫困而不得不依靠卖女儿维持生计。在日本东北地区农村，村公所甚至张贴告示提醒民众："欢迎来村公所咨询，避免卖女儿时被不良商贩欺骗。"

石川县人、川柳[②]作家鹤彬于1936年写下诗句"可怜卖淫妇，三从四德未曾教，卖身尽孝"。鹤彬一直给北海道的同人杂志《冰原》等刊物供稿，1937年因发表诗作"因战失四肢，仅在躯干似圆木，遗体返故乡"[③]被特高[④]

---

① 1940年，近卫内阁推行舆论统一、一国一党的"新体制运动"。7～8月，社会大众党、民政党等主要政党先后宣告解散，10月"大政翼赞会"成立，实行军事法西斯一党专政体制。1942年4月的众议院议员选举中，由军部、财界人士组成的"翼赞政治体制协议会"选定了和众议院议员人数相同的推荐候选人并令其参加选举，使得整个选举事实上成为"翼赞选举"。——译者注

② "川柳"是日本的一种17音节短诗，与"俳句（はいく）"一样，按五、七、五的顺序排列。但川柳不像俳句要求那么严格，也不受"季语（きご）"的限制，内容大多是调侃社会现象，信手拈来，轻松诙谐，更口语化，滑稽、讽世、精巧的特色明显。——译者注

③ 诗歌中的主人公被强征入伍，在战争中殒命。遗体送返家乡父母身边时，四肢全无仅剩一副躯干，形同一截圆木。——译者注

④ 特别高等警察课，简称特高警察或特高，是日本第二次世界大战前的秘密警察组织，以"维持治安"的名义，镇压社会主义、共产主义等破坏原有社会体制的活动。其属性算是政治警察。——译者注

盯上，并以违反"治安维持法"的罪名被逮捕。翌年病死，年仅29岁。鹤彬7岁时父亲病逝，母亲改嫁，少年时代穷苦困顿，21岁时应征入伍，隶属金泽第七联队，当兵期间也曾因发表反战作品而身陷牢狱。

日本军队中有很多农村出身的贫苦士兵。为打破农村的困境，青年军官中出现了扩大殖民地统治、攫取亚洲各地资源的诉求。1936年爆发的"二二六"事变即是一个体现。军部高层巧妙利用这种动向，顺势扩大军队利益与权力，使日本一步步滑入侵略战争的深渊。

二战前及战争期间，日本坚信增强军力，占领殖民地，夺取当地资源就能实现本国繁荣发展，为此义无反顾走上亚洲侵略之路，却以损失无数生命和财产，招致亚洲人民憎恨而告终，结局惨淡。

1942年2月，日军赶走英军，占领了新加坡，很多无辜的华侨被当成抗日分子并遭处死。这个人数，日方承认的有五千人，新加坡方面则推测达四五万之众。二战后审判时，众多下级军官和士兵为此担责，作为乙、丙级战犯被判处死刑。

上等兵木村久夫毕业于京都帝国大学，爱读田边元的《哲学通论》，卒年28岁。木村擅长英语，驻扎在印度洋某岛屿期间兼任翻译。其所在部队曾因查找间谍调查过当地居民，时任翻译的木村后因涉嫌严刑拷打当地居民并致其死亡而被问罪。

新加坡军事法庭认定木村为乙级战犯，判处其死刑，并于1946年5月行刑。木村曾向法庭申诉，自己只是遵照参谋们的命令行事，并未参与拷问，但未获采纳。战殁学生手记《听，海神的声音》（岩波文库，1949年）中收录了木村所作的一首和歌：

> 没有战栗，没有悲伤，怀拥母亲的笑颜，走向断头台。

宗教学学者山折哲雄从木村的手记中读出了"陆军军官群体的卑鄙"以及"未能证明自身清白的惋惜"。此外，他还表示从诗歌中听到了"思念母亲，自觉对不起母亲，向母亲倾诉的年轻人最后的心声"。[①]

不过，木村殁后50年，其遗书才被发现。[②]在行刑前留下的这封遗书中木村写道："日本军人，尤其陆军军人，正如我们所料，确是一群亡国之徒。若卸去所有伪装，剩下的唯有私欲而已。"遗书中还有一首辞世短歌：

> 无情的风你别吹，搅动业已沉寂的心尘，岂不悲凉。

战争践踏个人思想，摧毁青年前途，夺取花样生命。这些年轻人如若参与社会经济建设构建和平，一定会大有作为。当今世界，各地战争、暴力冲突不断。一俟硝烟燃起，法律秩序瞬间形同虚设，冲突双方陷入冤冤相报的循环往复中。

战争末期，日军节节退败，一切以逃亡为先，罔顾国民生命财产。满洲关东军如此，派驻冲绳的日本本土士兵亦然。更有甚者，个别日本兵还对日本人施以劫掠与暴行。

1945年2月，日军在菲律宾遭美军总攻。败逃的日军士兵无论是对菲律宾人还是对日本人都"财物必掠、妇女必奸，干尽伤天害理之事"[③]。记者德富苏峰是军国时期日本的舆论领袖，大力鼓吹国家主义，连他都感到绝望，可见日军是如何"腐败、无能、不负责任"。

战争改变人性。生活中的好父亲、好儿子、好丈夫们，踏上战场即变身凶残无道之人。所谓军队守护国民，纯粹就是伪命题。在战争这个修罗场，军人守护的唯有自身，绝非国民之命。

（4）遗留至今的战败阴影

二战之于日本，是亚洲侵略之战，其实质就是媚强凌弱。日本对英美宣

---

① "危机与日本人"，《日本经济新闻》，2012年3月25日。
② 《东京新闻》，2014年4月29日。
③ 德富苏峰：《德富苏峰终战后日记——顽苏梦物语》，讲谈社，2006年。

战亦为了延续对亚洲殖民地肆无忌惮的剥削。二战后，将《日美安保条约》奉若神明的日本统治阶层，完美继承了这一趋利的卑劣姿态。

要想避免战争，唯有从日常做起，全力构筑没有贫困、饥饿、压制、歧视的广义和平。和平学泰斗——约翰·加尔通（Johan Galtung）将此定义为"积极和平"（Positive Peace）。[①]

2015年4月29日，日本首相安倍晋三在美国国会发表演讲，打着"积极和平主义"（proactive contribution to peace）的旗号，表示要破除海外派兵限制，以同美军并肩作战。笔者认为，安倍演讲在以下两方面存在问题。

其一，无视和平学的研究成果，肆意偷换"积极和平"概念为己所用。这或许是首相顾问团的责任，但作为一国首相，未免贻笑大方。

其二，对强霸美国刻意谄媚。二战期间，美军对日本主要城市进行地毯式轰炸，在广岛、长崎投掷原子弹，包括孩子在内的很多平民因此丧命。即使依照当时的国际标准，这些蓄意戕害大量民众的军事行动也明显违反了国际法。然而，面对美国，日本首相竟然在其国会发誓今后要与之并肩战斗？这实在令人愕然。

2015年4月27日，美日两国外交部部长与国防部部长"2+2"会谈上敲定了新版《日美防卫合作指针》。29日首相安倍发表国会演讲。此后仅过一周，美国宣布对日出售17架V-22型"鱼鹰"运输机，总额30亿美元（相当于3583亿日元），约合每架200亿日元。若以汽车计算，日本要出口难以计数的汽车给美国才能填补这笔军购支出。

为筹备2020年东京奥运会，日本决定建设新国立竞技场。最初的设计方案是由两根巨型拱梁支撑整个屋顶，结构新颖独特，但高达2520亿日元的造价（施工方预计需3000亿日元）饱受各方争议。几经讨论，该方案最终被取消。事实上，相较竞技场建设费，购入V-22型"鱼鹰"运输机花费更多，可

---

① Johan Galtung. *Theory of Peace: A Synthetic Approach to Peace Thinking*, International Peace Research Institute.1967。
（高柳先男等译，《结构性暴力与和平》，中央大学出版部，1991年。）

神奇的是媒体居然对此噤声。更让人匪夷所思的是，如果真有大把资金用于购买"鱼鹰"运输机抑或兴建新国立竞技场，为何不在福岛核电站事故的处理与赔偿上加大人力、财力投入呢？

二战结束至今已逾70年，驻日美军基地的75%仍然集中在冲绳，美军基地占用冲绳本岛18%的面积。根据《日美地位协定》，在发生美军军机坠落事故等必要的时候，美军随时可设定治外法权范围。因为危险，嘉手纳基地美军军机不在美军住宅上空飞行，却被允许在日本人住宅上空自由地低空飞行。

2014年的冲绳县名护市市长选举、冲绳县知事选举以及众议院议员选举中，获胜方无一例外均反对普天间基地搬迁至边野古的计划。但是日本政府和执政党却无视冲绳民意，继续破坏大浦湾自然生态，推进美军基地前期工程建设。美国政府将冲绳作为自身东亚战略的"要冲"，而日本政府却视冲绳为"弃子"。

不仅冲绳，从东京周边到日本海沿岸的广袤空域都设置有"横田美军管控空域"，范围覆盖东京、埼玉、群马、栃木、神奈川、静冈、山梨、长野、新潟等一都八县，管控高度从2450米到7000米，各地不一。管控空域内，若无美军许可，日本民航不得擅入。为此，由羽田机场起飞向西航行的飞机必须先向东朝千叶县飞行一段距离后，再紧急爬升掉头向西。[1]对民航来说，这种航线设计既耗时耗资又伴随风险。

1951年，《旧金山媾和条约》签订，名义上日本恢复主权，实际只是在《日美安保条约》的框架下将"占领军"改称为"在日美军"，美军的统治地位丝毫未变。

日本的国家主义者们对于二战后入驻的"占领军"及其军事基地至今盘踞日本的局面没有半句怨言，可中国海警一接近南海小小的无人岛就立即暴跳如雷。

---

① 矢部宏治：《日本为何不能放弃"基地"和"核电"》，集英社国际部，2014年。

1945年4月至6月的冲绳岛战役有20万人丧生，其中至少9.4万人为冲绳普通居民，他们是日军大本营持久战战略的无辜牺牲品。二战结束后，冲绳长期处于美国统治下，1972年回归日本本土后仍被迫承受美军基地的重压。然而日本政府为获得"占领军"的保护，全然不顾冲绳居民的感受，承诺边野古基地搬迁事项一切遵"诏"执行，毕恭毕敬唯美国政府及美军马首是瞻。

1995年9月，冲绳发生3名美军轮奸小学女生事件，激起当地民众极大愤怒，逾8万人参加了县民总抗议集会。时任自民党、社会党、先驱新党三党联合政府外务大臣的自民党众议院议员河野洋平根据冲绳县的要求，就修改《日美地位协定》（根据协定，日本检方提起诉讼前，有犯罪嫌疑的美军士兵由美军方面执行拘禁）、整顿并缩小美军基地等问题与美方进行了交涉，因美方强硬拒绝，交涉无果而终。

20年后的今天，78岁的河野公开了自己对此事的想法：

> 现在在边野古修建（美军）基地的话，二三十年是需要的。二战后100年（的时候）（日本国内）还有外国的军事基地，这实在不可理喻。想用这种方式来守卫国家（的想法）绝对是错的。应该寻找其他方式。①

作为"其他方式"之一，河野提议邀请联合国相关机构入驻冲绳。不过，同属自民党系的首相安倍却持不同立场，他优先考虑的是日美同盟。

安倍的"积极和平主义"，因其依附强者，很可能自身沦为强者的炮灰。日本首相的这种姿态，或许会受到美国军工金融复合体②成员的欢迎，但也会令日本失去世界上众多人士的信任，中国外交部发言人就讥讽其是"拿着鸡毛当令箭"。

① 《朝日新闻》，2015年10月5日晚报。
② 军工金融复合体，是指以军需产业为中心的企业、军队、金融集团以及政府机构之间形成的政治性、经济性、军事性的一种势力联合，该股势力对世界政治经济的格局产生了巨大影响。——译者注

如同前总统小布什一样，美国的好战派们坚信，只要给敌人点颜色，他们就会像日本一样顺从自己。这真是极其傲慢的想法，完全没虑及战火中四下奔逃、丧亲亡子的民众的悲哀。

不管是2001年开始的阿富汗空袭，还是2003年爆发的伊拉克战争，无数平民在炮火中丧生，数百万人沦为难民。2015年10月3日，美军在阿富汗战争中空袭医院，造成22人死亡，包括12名医护人员和10名病患（含3名儿童）。在这家医院开展医疗援助工作的NGO^①"无国界医生组织"的一名男性护士如此评述这次事件：

> 那些人整整一周都没休息、没回家、没见家人，坚持在医院抢救病患。可如今，他们再也回不来了。为什么会发生这种事？这么做有什么好处？无端破坏医院，夺走人命。真让人无语。^②

日本人亲历过核爆，遭受过地毯式轰炸，因而比美国人更了解战争的残酷。若真把美国当朋友，理应提醒他，进攻阿富汗、发动伊拉克战争这类武力报复只会招来民众的憎恶、怨恨，使事态进一步恶化。真兄弟绝不应该因对方强大或双方关系亲密，就一味迎合其错误言行。

二战后，日本放弃战争，走上和平发展之路，有了还算富足安定的今天。回首战后发展历程可知，即使不依靠军事力量，不，应该说正因为没有战争，日本才顺利实现了经济发展与社会稳定。我们这些当代人，真的做到竭尽所能规避战争了吗？

---

① NGO是Non-Governmental Organizations的英文缩写，即非政府组织。——译者注
② 《朝日新闻》，2015年10月5日。

2. 二战后日本政治经济民主化进程

（1）政治体制转变

1945年8月，日本无条件投降，随后在GHQ（驻日盟军总司令）主导下开始了政治经济民主化进程。

政治体制的民主化方面，首先应提到的是1946年11月《日本国宪法》公布（翌年5月3日正式施行）。新宪法尊重国民主权与基本人权，倡导和平主义，废除旧宪法（指1889年颁布的《大日本帝国宪法》）确立的天皇君主制。

日本天皇君主制究竟有什么问题呢？是天皇作为独裁者行使绝对权力吗？不是，问题本质其实在于统治阶层和当权者利用天皇权威方便自己擅权。

坂口安吾，二战后日本文坛"无赖派"代表作家。在战败后的迷茫期，安吾发表《堕落论》（1946年），教唆特攻队勇士从事黑市买卖，呼吁战争遗孀展开新恋情，鼓动这些人想尽一切办法活下去，在社会上引起轰动。

安吾认为，从藤原氏主政、武士当权到军部时期直至现代，统治者无不借用天皇之尊名号令天下，而民众也大抵支持这种做法，这才是天皇制的问题所在。[1]

---

[1] 坂口安吾：《续堕落论》。

政治学者丸山真男也曾论及天皇制。丸山将日本举国介入战争的根源归咎于天皇制，主张所有支持天皇制的人都应承担战争责任。他指出，天皇作为"国体核心"，不仅是"政治权力中心"，也是"道德精神权威的源泉"。在这种体制下，组织内部自上而下依次遵从权威与权力，构筑出一种"无责任的体系"，因此也未能形成个人独立的判断力，得到精神上的自由。[①]

丸山认为，日本二战前及战争期间一直处于天皇制下，没有经过"资产阶级民主主义革命"，因此日本右翼和法西斯分子具有浓厚的封建色彩。即使军中的革新派军官，筹谋策略也都在妓院或茶馆、饭庄进行，与肆意咏唱"醉伏美人膝，醒握天下权"的幕末志士们有着相同的一面。[②]

无论是按照安吾还是丸山的主张，要真正克服天皇制的问题，体制下的每位日本国民都必须直视"自己内心里的天皇制"这一问题，不能逃避。

二战后日本民主化的另一重要基石是男女平等。自二战前的1928年开始，日本所有成年男性就享有选举权，而成年女性直到二战后的1946年才得以享有选举权与被选举权。1946年4月，在GHQ监督下举行的最后一次"帝国议会"众议院总选举中，第一批39名女性议员产生。

二战后，夫妻关系也发生了变化。旧制度下，丈夫即使出轨、纳妾也不会受到法律制裁，而妻子一旦有情人就会判以"通奸罪"。新宪法自然废除了这项罪名。

时任内阁法制局第一部长的佐藤达夫强烈反对男女同权条款，认为这不符合日本历史文化民俗，但GHQ民政部副部长凯蒂斯（Charles L. Kades）没有妥协，坚持将女性权利条款写入宪法。今天，人们对男女平等的法律条款早已习以为常，这当中也有凯蒂斯的功劳。

要实现政治层面民主化，必须保障思想、言论、结社自由。二战时特高一手遮天，压制反体制思想和社会运动。只要人们发表一点厌战言论，

---

① 古矢旬："解说"。丸山真男：《超国家主义的逻辑与心理 其他八篇》，岩波文库，2015年。

② "日本法西斯主义思想与运动"，同上书。

或者稍稍流露出对军队、政权的不满，就会被抓。屈打成招的事情时有发生。

小林多喜二从小樽高等商业学校毕业后进入拓殖银行小樽分行工作，工作之余写下《蟹工船》等多部作品，批判性地刻画了资本主义制度下残酷的劳动现实。1929年，迫于当局压力，银行将多喜二解雇。

其后，多喜二南下东京继续积极从事无产阶级文学活动。1933年2月20日被特高逮捕，当天他在筑地警察局惨遭严刑拷打后被杀害。据说多喜二在寒冷天气里被剥光衣物乱棒殴打，遇害后被送至其母处的遗体浑身瘀青、肿胀，脖子上有勒痕，大腿部好几处五寸长的伤口。2015年，其母势喜与多位作家同仁神情凝重地环立在多喜二遗体周围的照片底版得见天日。

20世纪40年代，战争氛围浓厚。各政党被迫解散，"大政翼赞会"（1945年后更名为"国民义勇队"）成立，实行一党专政。二战结束后，战时体制瓦解，这成为民主主义进入日本的契机，政党活动自由得到承认，工会合法化。学校教育内容也从战时鼓吹天皇崇拜、宣传国粹主义思想转变为尊重自由、民主、和平。

说到学校教育民主化，这勾起了笔者一丝既苦亦甜的记忆。

那是笔者小学六年级临近毕业时发生的事。音乐课要练习毕业仪式的合唱曲目，想到终于要学唱师兄师姐们离校时唱过的《敬仰师恩》——电影《二十四只眼睛》中著名片段的背景音乐，笔者激动万分。谁料，上课后老师教的却是另一首："再见，学弟学妹。谢谢，诸位。"轻描淡写记述毕业生与学弟学妹间对话的歌词，平淡无奇的曲调，让人大失所望。当然必须承认这的确比《敬仰师恩》中"吾师恩""立身扬名"之类的歌词要"民主主义"得多。

也就是从那天开始，笔者再不愿在人前唱歌，任凭教音乐的男老师如何严厉呵斥我"张口！"也无济于事。曾经无数次想象自己在毕业典礼上边唱《敬仰师恩》，边回忆亲爱的班主任和棒球队顾问老师，曾经那么地憧憬，笔者感到自己那颗少年心被时代所抛弃。据说，现在的毕业典礼有所变化，会参考学生意愿挑选诸如《启程之日》《大地赞颂》之类的曲目。

当然，民主主义不会随着法律、体制的改变就立即在日本扎根。经历过旧体制的人，他们的思维不可能轻易转变。不过，民主主义制度框架的建立为彻底变革打开了方便之门，尤其财阀解体、农地改革、工人运动自由化这三驾马车带动的经济层面民主化，可以说奠定了二战后日本经济发展的基石。

（2）财阀解体

日本介入帝国主义殖民地争夺战的一个重要原因是财阀。

所谓财阀，是指由同一家族所有和支配的，跨越工业制造、流通、金融等领域从事多种经营的大型垄断企业集团。财阀中的不少企业依靠与政府的密切关系，作为"政商"发展起来。譬如横跨海运、工矿业、流通、金融等领域的三井、三菱、住友等综合性财阀，从明治时期起就作为政府营利事业被赋予了特权。1931年"九一八"事变后，伴随军需物资的大幅增加，日产康采恩（鲇川财阀，现在的日立、日产汽车等公司前身）、日本氮肥康采恩（现在的氮股份有限公司前身）、理研（现在的理光公司前身）等企业，抓住时机，以重化工业和军工为中心发展起来。

二战后不久，GHQ提出解散财阀的方针并付诸实施。1946年12月，三井、三菱、住友、安田、中岛、野村、浅野、大仓、古川、鲇川等十大财阀的56人被认定为"财阀家族"，他们所担任的高级管理职务被解除，全部资产遭到冻结。当时，只有那些资历尚浅的科长以下级别的职员才能在这些大企业里履任高级领导职位，这种人被人们揶揄为"三等高管"。

最初，财阀解散方针被视为推进日本经济结构民主化的有力措施受到热捧。但随着美国二战后主要政治课题转到与共产主义国家的对立上，日本被定位为反共防共的桥头堡，财阀解散计划也因此搁浅。计划初始的1948~1949年，GHQ命令解散约600家企业，但最后实际解散的只有11家。

美国对日占领政策的改变同时也是其东亚政策的转变。二战后初期，美国着力尽快重建日本经济，却并未打算通过中日经贸合作实现东亚整体经济复兴。[①]自此，东西方冷战体制在亚洲形成。

（3）农地改革

农地改革，即收回寄生地主（指将土地租给佃农而自己不从事农业经营的地主）的农地，将之分配给实际耕作的佃农。这是一项打破封建社会关系的变革，也称为"土地改革（land reform）"。

中国的土地改革从共产党取得政权开始一直持续到1952年。

"耕者有其田"制度极大地调动了农民的生产积极性，农业生产力随之大幅提高。农民收入增加，对工业产品而言即意味着国内市场的扩大。此外，农业劳动生产率的提高还使农村富余劳动力流向城市，为工商业提供了大量廉价劳动力。在韩国等地，土改都为当地资本主义发展做出了巨大贡献。

中国自20世纪70年代末开始实行改革开放政策，农村取消之前的集体所有制，改为以家庭为单位的家庭联产承包责任制，这也是当时邓小平得到占全国人口大多数的农民绝对支持的原因之一。对于发展中国家而言，通过土改消灭地主制是实现经济发展的一个必备条件。

日本在二战以前还处在明治时期后形成的寄生地主制下，佃农需向地主缴纳高额实物地租，约占收成的一半。不过，20世纪20年代到30年代间，"日本农民工会（日农）"[②]成立后进行了减免地租的斗争，国家也出台措施限制地主权益，佃租地比例逐年下降，地主制渐渐形同虚设。

---

① 西川博史：《战时战后的中国与美国、日本——"东亚一体化构想"的历史验证》，HINAS，2014年。

② 日本农民工会（即"日本農民組合"，简称"日农"）是由贺川丰彦、杉元治郎等人于1922年发起，用以指导各地佃农解决争议。后来经过分裂斗争，1928年统一成为全国农民工会（即"日本農民組合"，简称"全农"）。二战后，组织再次分裂，又于1958年重新结成全日本农民工会联合会（即"全日本農民組合連合会"，简称"全日农"）。此外，大日本农会是1881以热心农业生产的人为主集结而成的农业组织，是另外一个团体。

二战后，GHQ一声令下，江河日下的地主制在农地改革中彻底瓦解。国家直接介入农地回收、转让，共计分配200万町步（1町步约为1公顷）。不在村地主[1]的所有土地以及在村地主[2]超过1町步（北海道为4町步）的土地被强制征购并转售给佃农。改革从1947年3月一直持续到翌年末。

农地改革后，佃租地比例从占全部耕地的46%降到10%，大量自耕农诞生。剩余佃租地的地租也大幅下降。农地改革前，地租高至收成的1/3～1/2，采用实物形式上交，而到1949年，平均地租降至5%，上交方式改为货币形式。

农地改革瓦解了日本的寄生地主制。其后，因小规模种植的自耕农仅靠农业难以维持生计，20世纪60年代经济高速增长期后，日本农村出现了农户数量减少、兼业农户占比更大的新局面。

（4）工人运动合法化

在战时体制下，工会及工人运动都被禁止。二战后，工会组织合法化，工人运动也日益活跃起来。

1945年，《工会法》[3]颁布，明确工人拥有团结权（即自由结社权）、团体交涉权、争议权（即罢工权），即"劳动三权"。翌年，《劳动关系调整法》颁布，规定由官方机构进行劳资纠纷调停等事宜。1947年，《劳动基准法》颁布，确定企业必须遵守劳动时间、薪酬等的最低标准。日本通过以上"劳动三法"推动了劳动者权利的保护和劳动条件的改善。

但是，完善法律并不等同于其实际发挥了效力。二战结束9年后，仍有沿用旧时雇佣关系侵犯劳动者权益的事例发生。1954年，近江绢丝公司纺织女工组织罢工，要求享有结婚、读夜校及参与文化活动、外出的自由，并要求公司方面停止拆检私人信函、检查私人物品的行为，废除告密制度。虽然

---

① 即人地分离的地主。——译者注
② 即人地同在的地主。——译者注
③ 即《労働組合法》。——译者注

这些都是抗议封建经营模式的极为正当的要求，但公司方面冥顽不化，女工们的罢工持续了106天才获成功。

同盟国占领日本之初，有舆论将盟军（实际为美军）定位为"解放军"且给予高度评价。但随着工人运动的高涨，开始出现反对现有体制的倾向，左翼思潮逐渐抬头。其后，美国改变了此前立场，对工人运动从鼓励转为压制。

1947年1月，"官公厅工会"和"民营企业工会"共同成立"全国工会共同斗争委员会"，计划于当年2月1日组织日本第一次总罢工，寻求增加薪酬及改善劳动条件。但在正式开始前数小时，总罢工被盟军最高司令麦克阿瑟紧急叫停。

二战后，日本在政治经济民主化进程方面的确取得了一些进展，但这些都控制在美国许可范围之内，这点从工人运动的动向中也可窥见。

3. 二战后复兴期的经济运行

二战结束后，世界各国积极采取了深受社会主义影响的政策。在英、法等国，工业国有化运动如火如荼，重视社会保障和福利的政策陆续出台。这种动向的背后有以下两点因素。

其一，引发两次世界大战的国家垄断资本主义体制和帝国主义政策越来越遭到人们的反对，在战后形成一种思潮并得以壮大。因此，社会主义作为反资本主义的意识形态而得到多数国民的支持。

其二，资本主义国家摇曳在不稳定的经济运行中，制造了世界范围的经济危机，与之相对，苏联却在计划经济下实现了工业的飞速发展。

在日本二战后复兴期的经济运行中也随处可见社会主义的影响。1946年，日本设立首相直属的官方机构——经济安定本部（经济企划厅的前身），负责制订紧急政策，达到重建及稳定经济的目标。这其实就借鉴了社会主义计划经济的做法。

就职于经济安定本部的人士中，有日后担任外务大臣的大来佐武郎、著名经济学家向坂正男以及一桥大学校长都留重人等。1947年7月，日本发布战后首个经济白皮书《经济实况报告书》，执笔者就是年轻时的都留。

白皮书中写道，"老实人上当，苦干者吃亏的现实，无疑说明经济这个有机体发生了生理性故障"，字里行间流露出都留作为经济学者的风发意气和远大理想。

战争期间，都留因违反《治安维持法》，被其就读的旧制第八高等学校开除学籍，而后留学哈佛大学研究生院，与后来担任加拿大外交官的诺曼·赫伯特（Edgerton Herbert Norman）交情甚密，后者反对麦卡锡主义的"剿共运动"，于1957年自杀。

诺曼也是一位日本史研究学者，很早就关注江户中期的思想家安藤昌益。二战后，诺曼作为GHQ顾问来到日本，深深影响了美国的对日占领政策。前文提到的丸山真男也与诺曼交好，对于其作为历史学者的学术水平以及人品都给予了很高的评价。

白皮书中折射出都留风格的经济学理念。在全球化背景下，现代经济渐现赌场资本主义①化倾向，"老实人上当，苦干者吃亏"成为常态。但所谓经济学，其实并不是以挣钱为目的的学问，而是要"经世济民"，也就是让全世界更美好，人民更富足。学经济学的人有必要时常回顾经济学的原点。

二战结束初期，制约日本经济发展的瓶颈是能源短缺及钢铁等原材料产业供给不足。钢铁生产因缺乏能源停滞不前，反过来由于钢铁产量上不去又拖累了能源供应量的提升，陷入了一种恶性循环。

为了打破这种两难境地，经济安定本部采纳了经济学家有泽广巳提倡的"倾斜生产方式"的建议，首先将资金、原材料重点投向煤炭、钢铁行业以提升产能。等煤炭、钢铁产量得到保障以后，再依次投向其他基础产业，最终实现经济的全面发展。此外，作为资金支持，煤炭行业由刚成立的复兴金融金库优先融资，钢铁行业则由政府下拨价格补差，确保生产价格中包含合理利润。

有泽提出的"倾斜生产方式"，主张先重点投资第一类部门（生产资料领域），促进其发展，最终带动第二类部门（消费资料领域）的增

---

① 赌场资本主义（casino capitalism）是英国著名政治经济学家苏珊·斯特兰奇（Susan Strange）在其著作《赌场资本主义》中对当代资本主义经济的一种比喻。她认为当代资本主义社会恰如一个巨大的赌场，具备了赌场的所有要素——赌徒、赌具、赌资、筹码和赌场的规则，且像赌场一样具有投机性和风险性。少数赌徒可能一夜暴富，但更多的则是满盘皆输。——译者注

产，这受到了马克思主义经济学理论的影响。中国在第一个五年计划时期（1953～1957年）也采用了"重工业优先发展"的模式。

由于生产设备和流通系统遭到战争破坏，当时日本经济深陷供给极端不足的状态，通货膨胀日趋恶化。城市居民没有收入，不得不出卖手头的财物和衣服来换取食物，困顿不堪。这种境况如同一层一层地剥去竹笋外皮一样，被称为"竹笋生活"。

在食品短缺的年代，不少孩子都没法带便当去学校。因采写越南战争而闻名的作家开高健这样回忆自己的少年时代：午休时悄悄离开教室，猛灌充斥着铅及消毒药水味道的自来水来驱散饥饿。[1]

在这种物资极度紧缺的情况下，经济安定本部实施价格管控及配给制度，平等分配本就匮乏的生活资料。至于大米等主粮，政府早在战争期间的1942年，就开始通过《粮食管理法》对其生产、流通直至消费的全部环节进行严格管制。

管控制度延续至二战后。在城市，直到20世纪60年代末，没有米粮证仍无法购买大米。当时，农村地区中小学生修学旅行时都需要自带大米交给投宿旅馆代煮。

现在说来也许很难相信，日本的啤酒价格也曾长期处于政府管制之下。战争期间的1939年，依照《价格统制令》，啤酒开始由政府统一定价。二战后1946年出台的《物价统制令》延续了这一做法。其后，虽然由1960年的标准定价制度变更为1964年的自由价格制度，但对价格的行政指导还是一直延续到了1968年。

这种价格管控与社会主义计划经济的理念有着共通之处。

二战结束后，通货膨胀非常严重，1946～1950年的物价上涨率（即国民生产总值平减指数，英文为GNP deflator）达到年均44.5%的水平。通胀的主要原因是前文提到的复兴金融金库融资造成货币供应量增加，以及生活物资供给不足。

---

[1] 开高健：《发光的黑暗》，新潮文库，1982年。

1949年2月，约瑟夫·道奇（Joseph Murrel Dodge，1890~1964）公使赴日，担任麦克阿瑟的最高财政顾问。道奇实施严格的紧缩政策（"道奇路线"）。通过停止复兴金融金库的新贷款、实现财政预算收支平衡、强化征税、强化物价管控等一系列措施应对通货膨胀，并确定了1美元=360日元的固定汇率。伴随着单一汇率制的推行，此前多重汇率制（不同品类商品采用不同汇率）下产生的"看不见的补助金"不复存在。

"道奇路线"的主要目的是通过财政紧缩和收支平衡来抑制总需求，控制通货膨胀。1949年的"肖普建议"为实现财政收支平衡提供了财力保障。那是以哥伦比亚大学教授肖普（C. S. Shoup）为团长的考察团提出的税制改革方案，是施行直接税（个人所得税和法人所得税）为中心的税制体系。

这种税制自1950年后就长期作为日本战后税收体系的基础。进入20世纪90年代后，日本增加了间接税种——消费型增值税（消费税），开始对税制体系进行局部修正。

"道奇路线"虽然帮助日本成功抑制了通货膨胀，但单一汇率制使日本企业被迫加入国际贸易竞争。再加上突然采取严格的紧缩政策，近半数中小企业和微型企业停产倒闭，社会陷入"安定恐慌"[①]中。

日本能迅速从这种困境中脱身，与其说是制度改革和政策的成效，不如说更多得益于1950~1953年爆发的朝鲜战争所带来的"特需景气"[②]。

不过，虽然朝鲜战争的战时需求使日本经济得到了复苏，却也不利于日本经济的自立自主运行。美苏冷战背景下，从"石油危机"后的通货膨胀对策到能源政策，再到贸易顺差的处理方法，日本经济政策的各个方面都被美国所操控。先后在经济安定本部、经济企划厅、大和总研等部门从事战后日本经济运行相关工作的宫崎勇就切身体会到了这一点。[③]

如上所述，二战后的经济运行给我们的教训之一，是要实现社会稳定、

---

① 也称"道奇萧条"。——译者注
② 指朝鲜战争产生战时需求使日本经济复苏，日本称之为"特需景气"。——译者注
③ 宫崎勇：《证言 战后日本经济——来自政策制定的现场》，岩波书店，2005年。

经济发展就必须整顿财政、税制和金融体制。教训之二，是实行过于突兀、剧烈的紧缩政策，以及不考虑地区实际而一味推动市场竞争的做法会给地区经济带来不利影响。20世纪80年代到90年代，国际货币基金组织（IMF）和世界银行等机构在发展中国家和原社会主义国家所推行的结构调整政策也有同样的缺点。

　　无论如何，日本终于摆脱了二战后的混乱局势和经济萧条，从20世纪50年代中期开始迈向经济高速增长时期。

第

2

章

经济高速增长及其弊端

1. 侧重政治时期

（1）"全面媾和"还是"单独媾和"？

1951年，参与对日作战的同盟国方面51个国家参加了旧金山对日媾和会议。可以说这次会议奠定了二战后日本的发展方向。

当时，围绕和约缔结对象问题，日本国内分化成了两个阵营。"全面媾和"派认为，应与包括共产主义国家在内的所有关联国家缔结和约。"单独媾和"派则认为，和约缔结方应限定为以美国为首的资本主义国家。

由于担心东西两大阵营对立会再次将日本卷入战争，日本很多知识分子都呼吁"全面媾和"。《世界》杂志1950年3月号上刊载了"和平问题谈话会"（由领导日本舆论界的56位学者、文化名人组成）发表的联合声明。这其中包括后任日本文部大臣、学习院①院长的安倍能成，以及因《古寺巡礼》《风土》等著作驰名的和辻哲郎。这两人都是近代文学巨匠夏目漱石②

① 即学习院大学，是由学校法人"学习院"设立的，位于日本东京丰岛区的一所著名私立大学。因大部分的皇室成员均就读于此校，被公认为日本的"皇族大学"，知名度极高，并且培养出了一大批名人。——译者注

② 夏目漱石（1867～1916）：日本近代作家，本名夏目金之助，笔名漱石，取自中国唐代《晋书》中记载的西晋文学家孙楚的"漱石枕流"一词。夏目漱石在日本近代文学史上享有崇高地位，被称为"国民大作家"。他在东西方文化上均有很高的造诣，既是英文学者，又精擅俳句、汉诗和书法，并开启了后世私小说的风气之先。其门下出了不少文人，芥川龙之介也曾受他提携。他一生坚持对明治社会持批判态度。他的头像曾被印在1000日元的纸币上。——译者注

的门下。

"和平问题谈话会"的声明中明确提出了全面媾和、经济独立、中立不可侵犯和加入联合国的期望。在这几点期望的基础上，归结出如下表述：

无论因何理由，坚决反对任何国家在日本国内建立军事基地。

正如该声明中表述的，对于外国在日本国内建设军事基地一事，战后的知识分子们明确秉持反对意见。

然而，现代日本的国家主义者不但认为只要追随拥有强大军力的美国，日本就能安全且放心，甚至对外国向日本派遣军队，在日本的国土上建设军事基地根本没有任何的迟疑。以"占领军"的身份来到日本的军队，其实质并未发生改变，却不知何时被这些人说成是来保护自己的"同盟军"。不仅如此，这些人还主动要求与美军一道在海外并肩战斗，欲将日本引到一条与幕府末期革命志士们的努力方向截然相反的发展道路上。

如此看来，日本的国家主义者的所作所为是多么的奇怪。

东京大学是享誉世界的著名大学，很多东大学生毕业后会走上仕途，担任政府官员，为此东大校长南原繁曾在毕业典礼上训诫学生们"（将来为官）不要喝（相关单位宴请的）免费酒"，他因此为世人所知。在1950年3月的毕业典礼上，南原繁批评了当时政府的方针，认为"再没有比单独媾和更短视、草率的想法了"。

南原在中学时就读于旧制一高[1]，时任校长是新渡户稻造[2]。新渡户毕业于札幌农学校，曾任国际联盟事务局副秘书长一职，常年活跃在国际舞台。此外，新渡户还是个慈善家，为札幌贫民区的失学儿童建了一所"远友夜校"，接收男女儿童共同学习。他在自己的著作《武士道》中曾写道："对

---

[1] 即东京大学预备校"一高"。——译者注
[2] 新渡户稻造（1862～1933）：国际政治活动家、农学家、教育家。曾担任国际联盟副秘书长，也是东京女子大学的创立者。用英语著有《武士道》一书。——译者注

于一个武士来说，没有比卑怯和不正当的言行更加羞耻的事了。"

南原深受新渡户思想影响，他在东京帝国大学读二年级时跟随无教会主义基督徒内村鉴三①学习，之后也成为基督徒。内村鉴三与新渡户稻造是札幌农学校时的同学，南原后来就继承了他二人的志向。

当时的日本首相吉田茂貌似相当恼火南原的言论，大骂其是"完全不了解国际问题的曲学阿世之徒，只会纸上谈兵"。在吉田心中只有"单独媾和"这一个选择，认为要想早日从美军的统治下独立，就必须优先建立良好的日美关系。

最终，日本以眼前利益为重，在吉田主导下与资本主义诸国缔结媾和条约并签署《日美安保条约》。自此，日本正式加入西方阵营，在美国的军事保护伞下踏上以经济发展为主的道路。

（2）围绕《日美安保条约》的对立

旧金山会议上，中日关系问题被搁置，转而交由日本自行解决。1952年，日本与中国台湾当局签订了《日华和平条约》。尽管当时蒋介石已被逐出大陆，但日本却以其"代表"全中国。这其实是日本当时外交政策制造出的一个假象。日本这一选择是为配合美国的反共防共战略。

对于政府外交追随美国的做法，日本国内存在分歧。1960年，围绕《日美安保条约》的修订，舆论两极分化，保留派与废弃派对峙激烈。保留派以执政党（自民党）、官界、财经界为主要势力。岸信介首相认为，由于条约的修订，日本之于美军的地位关系相较之前有所改善，这算是好事一桩。与

---

① 内村鉴三（1861～1930）：日本明治、大正时期的基督教思想家、文学家、传道者、圣经学者。生于江户武士家庭，幼年受武士道和儒学思想熏陶，后在札幌农学校读书期间受到基督教精神感染，于1878年接受洗礼。内村在东京一高担任教师时，反对把《教育敕语》神格化。1891年在校长捧读天皇《教育敕语》时，坚持不鞠躬礼拜，这被视为"大不敬事件"，因此被解雇。内村批判过足尾铜矿矿毒事件，倡导非战论，力主和平解决日俄战争问题。后来专心从事《圣经》研究和基督教传教活动。内村主张所谓日本独自的无教会主义，此主义以福音主义信仰和社会时事批判为基础。他的思想对部分知识分子造成很大影响，弟子有藤井武、家本虎二、矢内原忠雄等。著有《圣书之研究》《求安录》《地人论》等。——译者注

此相对，废弃派则是以废弃《日美安保条约》为目标，包括社会党为首的在野党、工会、学界、市民团体以及学生，涵盖了广泛的社会阶层。当时，包括作家大江健三郎、石原慎太郎、江藤淳①等人在内的左翼和右翼知识分子们都联合声明反对日美安保。

1960年6月，反对《日美安保条约》的斗争达到高潮。北海道大学学生唐牛健太郎等率领"全学连"②示威队伍冲入国会，与警察发生激烈冲突。政府甚至一度被迫讨论是否要提请出动自卫队，事态十分紧迫。时任防卫厅长官的赤城宗德以"如果发展为同胞相戮的残酷现实，将会给内乱的苗头火上浇油"为由，拒绝出动自卫队。虽然反对运动声势浩大，但最终《日美安保条约》还是被保留下来。

示威队伍与警察起了冲突，在一片混乱中发生了东京大学女学生桦美智子死亡事件，震惊了全国。参加札幌大通公园追悼集会的长井菊夫③赋诗凭吊：

1960年6月15日夜，你，为国事劳心呼号，结束了二十二年，

八千余日的，花般生命。

国学院大学学生岸上大作，在安保斗争失败后于东京寄宿处自尽，年仅21岁。也有另一种说法，说他曾与一位志同道合的女性交往，该女性还与他并肩战斗过。但之后二人分手，他是由于失恋才自杀的。可怜他母亲含辛茹苦，一手将儿子抚养成人并送到东京念大学，不想最终却要于兵库县福崎町老家孤独终老。

笔者曾在2011年参观过在姬路市文学馆举办的"岸上大作展"。那时还是一月，天气阴沉、寒冷。展室内除了陈列着大作的作品外，还摆放着他母

---

① 日本著名文艺评论家。——译者注
② "全日本学生自治会总联合"的简称，左派组织。——译者注
③ 长井菊夫：诗人，著有诗集《天·地·人》。——译者注

亲给他寄送生活费用过的几个空挂号信封。年轻而纯粹有时是很残酷的。

大作受寺山修司①的影响，写过许多抒情短歌，例如：

血雨浸湿白衬衣，孤立无援。对她一人的爱，熠熠生辉。

昏暗灯影下母亲默默辛苦，母亲节也无休。

《日美安保条约》的修订引发政治混乱，首相岸信介因此引咎辞职，继任首相一职的是池田勇人。虽然在就任大藏大臣时，池田曾因在国会质询答辩上放言"就让穷人吃麦饭②吧"（他原本想要表达应让市场经济发挥更大作用）而备受媒体争议，但是相较岸信介而言，他更精通经济，是个平民派的首相。

池田出生于广岛，非常热爱家乡，是职业棒球队广岛鲤鱼队（Hiroshima Carp）的铁杆粉丝，还担任过该队后援会的名誉会长。

NHK③晨间电视连续剧《阿政和丽塔》中主人公的原型是竹鹤政孝，他是日果威士忌公司的创始人。他在苏格兰学习了威士忌的酿造工艺后，带着苏格兰籍的妻子回到日本。战争期间，两人饱尝艰辛。如今，北海道余市町（日果威士忌公司总部所在地）的酿酒工厂成为吸引国内外观光客的人气景点之一。竹鹤和池田一起住过广岛忠海中学的宿舍，是相邻两届的师兄弟，也是一辈子的好朋友。

1960年10月，与自民党敌对的社会党委员长浅沼稻次郎惨遭暗杀，凶手是一名信奉右翼思想的17岁少年。浅沼早在二战前就读于早稻田大学时就开始从事社会活动，还曾被警察抓进监狱，是个具有正义感的热血男儿。他领导了20世纪60年代反安保条约的斗争。作为社会党代表团团长访问北京时，他曾旗帜鲜明地表态："美帝是中日两国人民的敌人。"

---

① 寺山修司（1935～1983）：日本著名诗人、评论家、电影导演，前卫戏剧的代表人物。戏剧代表作《草迷宫》《狂人教育》。——译者注

② 大麦、青稞和大米一起煮的米饭，比白米饭低廉且不好吃。

③ NHK：日本广播放送协会的略写。这是日本唯一的国营电视台。——译者注

在国会上给浅沼致悼词的是与之敌对的自民党总裁、时任日本首相的池田。池田的悼词文如其人，直言不讳但饱含深情：

浅沼是一个四处演讲的平民百姓。穿着脏衣服，拿个破皮包。他今天在本所①的公会堂，明天就去了京都十字路旁的寺庙。

---

① 位于东京都墨田区，是中小企业聚集的工商业区。——译者注

2. 超出预期的经济高速增长

（1）"收入倍增计划"的提出

1960年12月，为打破此前政治对立造成的凝滞氛围，池田内阁提出"收入倍增计划"，计划在1961～1970年的10年间实现国民生产总值（GNP）翻番。自此，日本从二战后侧重政治转换成侧重经济发展。

10年间国民收入翻番，意味着需要年均7.2%的经济增长率。日本经济从20世纪50年代中期起一直保持10%的年增长率。据此看来，收入倍增目标并非遥不可及。当然，不足之处也很明显。当时的日本还不算富裕，不仅国内生产技术水平不高，产品质量也不佳。"Made in Japan"被视为"价廉质劣"的代名词，日本产品并不具备国际竞争力。但是，"提高生活水平、实现充分就业"这一光明前景，让许多日本国民和企业对未来充满了希望。计划提出后，日本年均经济增长率超过10%，GNP倍增计划比预定时间提前三年完成。

通过搞活经济来打破政治造成的社会分裂与凝滞，从这点上来说，1960年日本的"收入倍增"政策与1992年中国的邓小平"南方讲话"有异曲同工之妙。

中国在20世纪90年代初，社会经济一度陷入沉寂。为打开这个局面，邓小平视察南方诸地，推动改革开放进一步深化。"南方讲话"之后掀起一股外商对华投资热潮。其后，如众所知，中国经济重返高速增长轨道，实现了飞跃性的发展。

（2）社会的急剧变化

"收入倍增"计划给20世纪50年代中期开始的经济高速增长局面再添一把火。经过十余年的快速发展，日本社会发生了翻天覆地的变化。

首先，GNP增速达到了年均11.6%，国民人均纯收入每年递增10.4%，电力、公路、铁路、港口等基础设施建设也得到同步推进。

其次，家用电器普及到一般家庭。1959年皇太子（即位后称明仁天皇，年号平成）大婚时，电视开始迅速进入城市家庭，1964年东京奥运会后进一步普及到农村。当时，电视、冰箱、洗衣机合称"三种神器"（中国则称为"三大件"），被视为每个家庭必备的重要耐用消费品。

记者大宅壮一讽刺说"普及电视使得一亿日本人集体变成傻瓜"也是在这个时候。凭借1953年电视节目开播，以及1964年东海道新干线开通运行，东京与大阪的距离大为缩短。时至今日，东日本与西日本在风俗、潮流、文化上已很难找到显著差异。

日本的电台广播开始于大正14年（1925）。在此以前，为促进国民国家的形成，政府曾大力推广普通话，但最终普及范围仅局限在东京山手地区。以大阪方言为主的关西圈自不必提，日本东北、关东甲信越、东海、中国[①]、山阴、山阳、四国、九州、冲绳等地方也都有各自的方言。北海道由于从明治初期的1869年才正式得以开拓，接收移民，因此道内各地很长一段时间都混杂使用移民故乡的方言。

说到北海道的开拓过程，必须提及江户末期在北方地区探险的松浦武四郎。就是他将"虾夷"这一地名改称为"北加伊道"（即北海道）。他撰写的《十胜日志》《左留（沙流）日志》等书让江户时期的人们了解到内心温柔和顺的阿依努人的日常生活，以及他们在松前藩严苛管制下深受劳役之苦的痛苦现实。例如，安政5年（1858），在位于今天平取町的二风谷、美马

---

① 地理名词，指日本的中国地区，范围涵盖广岛、冈山、山口、鸟取、岛根等五县。——译者注

牛、康康这三个村落，全村26户126人中有43人被强行押送到北海道东部厚岸的渔场当劳力。失去了主要劳动力的阿依努村民因此穷困潦倒。（资料出自二风谷阿依努族文化博物馆）

或许是出于帮助阿依努人摆脱窘困状态的考虑，武四郎在明治2年（1969）出任了刚刚设立的开拓使一职。但明治新政府仍旧维护本土的商人，并不想禁止对阿依努人实施的严酷劳役。察知这一现实后，武四郎于翌年就辞去了官职。

武四郎向往阿依努人的生活，从下面这首和歌中我们就可以感受到他对阿依努人的和善态度：

远离尘世，深居保路沙流山的阿依努族人哟，何时学会的京都礼节？

但广播节目的播放彻底扭转了之前日本各地方言纷繁的语言状况，普通话得到普及。落语、讲谈、浪花节①等语言类节目人气高涨。当时，播音员是非常受人青睐的职业。成为播音员的首要条件就是讲一口"纯正的日语"。②

如今在日本，广播被电视抢去了风头，但依笔者看，电视上喧闹的综艺节目泛滥成灾，广播则有更多沉稳、优质的节目。年轻的读者们若想学习优雅的日语，选择听广播更好。

NHK广播一台会在上午时段播放播音员藤井彩子主持的栏目"素颜美人"。或许是与作家高桥源一郎年纪相仿的缘故，每周五由他担任嘉宾时，笔者最为关注。2015年6月19日，高桥在栏目中介绍了一本书③。这本书脱胎

---

① "落语"，日本曲艺的一种，相当于中国的单口相声。"讲谈"，类似中国的评书，内容包括侠客传、战争故事、恩仇录等。"浪花节"，三味线伴奏的说书，也称"浪曲"，内容涵盖军旅故事、戏曲故事、文艺作品等。——译者注
② 矢野诚一：《昭和演艺二十讲》，岩波书店，2014年。
③ 《手心里握着的77个小幸福》，文化广播"大竹真 五月广播"节目组编，POPLAR出版社，2010年。

于文化放送广播大竹真主持的广播节目，讲述了众人帮助罹患扩张型心肌病的16岁少年实现梦想，让他当上最爱的江之电①电车司机的故事。

江之电是一条穿行于民宅间的慢速电车铁路线。故事中少年的母亲在他4岁时就因同样的疾病去世。为帮助少年圆梦，让他当上江之电电车司机，支援疾患儿童的慈善组织给江之岛电车公司发去了一封求助信。最终，江之岛电车公司在沿途所有站点都配备了工作人员，采取了前所未有的万全措施，帮助少年实现了梦想。仅仅4天后，少年离世。

朗读此书时，主持人藤井忍不住哭出声来。作为播音员来说，或许不应该哭，但一向成熟冷静的她此时流露的浓浓人情味，却使人倍感温暖。

如今，NHK似乎对方言也变得宽容起来。NHK广播一台周六下午的"关西周六放松时间"是一档面向全国的节目，全程使用关西方言。

经济高速增长也给时尚产业带来蓬勃生机，年轻女性的着装变得华丽多彩。不过同时期的居住状况则改善不大。一首川柳讽刺了这种情况——"优雅美公主，踩着污水沟盖板，哐当哐当出门来"②。

第三，就业规模以每年超百万人的速度持续增长，众多年轻人从农村进入城市。早于1954年起，日本就已开通"集体就业"的临时专列，将十五六岁的初中毕业生载往各大城市和工业地区。

青年们满怀希望来到城市，可现实的工作和生活绝不轻松。"留守家乡的她可还好？妈妈您怎样了？"1957年流行的这首《叮当越后民歌小调》③描绘了在小巷清冷的大排档中独自饮酒消解乡愁的外来务工者形象。1959年，一曲"我的恋人，去了东京，虽然她知道我的心……让我随她去，去那有她的东京"风靡日本，可见农村青年进城务工已成社会常态。

1964年东京奥运会召开，集体就业迎来高峰期。歌手井泽八郎的一曲

---

① 由江之岛电车公司经营运行的一条铁路线。该线路运行于神奈川县镰仓市镰仓站和滕泽市滕泽站之间，沿途都是知名的旅游景点。——译者注

② 竹内宏：《昭和经济史》，筑摩书房，1988年。

③ 歌曲日文原名为《チャンチキおけさ》，おけさ是起源于日本越后地区，即现在的新潟县的民谣。チャンチキ是筷子敲击盘子的拟声词。——译者注

《啊，上野站》唱出了远赴东京集体就业的日本东北青年的浓浓乡愁。"踏上列车，难舍故乡熟悉的气息。上野，我们心之所往。不能气馁的人生，某日从这里启航"。

读者们或许听过《棉手帕》这首歌（汉语翻唱的歌名是《六月天》或《木棉的手帕》）。歌中所唱的是进城务工潮过去多年以后的事情。到了"《棉手帕》时代"，每年已有近半数适龄青年能够升入大学深造。

距经济高速增长期半世纪之前，日本薄命诗人室生犀星①写过这样一首诗："故乡啊故乡，遥远思念的所在，悲伤咏唱的对象，回不去的地方。"这是1913年他24岁时的作品。远离故土赴日求学的留学生们肯定也有各种心酸苦痛，但绝不要气馁。只要不懈地努力下去，无论身处何地，必定能获得周遭的认同。

第四，教育方面也取得巨大进步。小学、初中阶段的义务教育普及率达到100%，进入更高一级学校学习深造的机会也大幅增加。初中升高中的升学率从58%提高到82%，大学入学率从10%增至24%。日本全国各县首府都设立了国立大学，如同铁路逢各县首府站必有当地特色的车站盒饭出售一样，这种情况一度被记者大宅壮一揶揄为"车站盒饭大学"。当然，必须承认国立大学分散到各个地方的做法确实有利于防止人才过度集中到大城市圈。

今天，中国提出"西部大开发"战略以缓解东西部地区差距扩大，这一决策能否顺利推动西部地区发展，其关键一环正是人才培养。

---

① 室生犀星（1889～1962）：别号"鱼眠洞"，日本石川县金泽市人，诗人、小说家，著有诗集《爱的诗集》《抒情小曲集》等。——译者注

3. 快速发展的弊端

（1）环境污染

20世纪50年代中期至60年代末的十余年间，日本实现了年均近10%的高速发展。但另一方面，经济的快速发展也带来了经济、社会等多方面问题。

经济高速增长的副作用之一是通货膨胀加剧。十余年间，物价上涨50%，低收入阶层和靠退休金维持生计的人们生活困顿。

高速增长最大的弊端在于加剧了环境污染。政府的环保措施没能跟上工矿业增产的步伐，企业方也不关心废水、废气、废弃物的无害化处理，基本处于乱排乱放状态。这就导致工业区聚集的濑户内海以及京浜、东海地区的太平洋沿岸都被工业废水污染，日本沿海白沙青松的海滩景致也因填埋沙滩修建公共设施、浇筑混凝土修建海防堤岸而陆续消失。

"四大公害诉讼"是反映当时环境污染严峻形势的代表性事件，包括水俣病、新潟的第二次水俣病、富山"骨痛病"和四日市市哮喘。

熊本县水俣市有一家名为新日本氮肥的化学肥料工厂，其所排废液中混含的有机汞导致了水俣病的发生。有机汞先在海产鱼类体内蓄积，居民食用含汞鱼后发病。由于当地人多以鱼喂食猫，异常现象首先出现在居民家饲养的猫身上。发病后的猫无法直线行走，发狂似的转圈。身体健康的年轻渔民较普通人食用更多生鱼片等鱼类食物，不久后，在他们身上也陆续出现水俣病症状。人罹患水俣病后手足麻痹、口齿不清、步履蹒跚，最终卧床不起，直至死亡。

1959年熊本大学医学院发现水俣病源自于有机汞，但新日本氮肥公司管理层和通产省、厚生省官员均矢口否认，延误了阻止事态发展的有利时机。1965年水俣病再次在新潟爆发，这与未能及时采取应对措施有关。新潟县第二次水俣病是昭和电工鹿濑工厂排入阿贺野川的有机汞导致的。

在日本全国，仅确诊的水俣病患者就超过3000人，未确诊患者也有3000余人。二战期间新日本氮肥公司曾在旧满洲地区建厂，同样的技术和设备遗留在中国东北地区，有报道称中国也出现过疑似水俣病的病症。

熊本大学医生原田正纯证明了存在胎儿先天性水俣病，星野芳郎因研究技术史而广为人知。此二人曾受邀一起访问过中国。星野曾表示中国在环境问题上应向日本学习经验的是1963年的三池煤矿爆炸事故和水俣病。[①]

发生在富山的"骨痛病"，是因三井金属工业神冈矿山排放废水中含有镉而导致的。镉随废水排入神通川，污染了井水和农作物。人食用这些污染过的水和食物后出现肾脏损害和骨软化症，稍微按压手脚抑或咳嗽都会骨折，送医时也必须一动不动地让患者躺在棉被上，小心搬运。此病因疼痛异常，患者哭喊"痛！痛！"而得名。

1961年富山当地医生发表镉元素致病说，1968年厚生省认可镉为病因。当时"骨痛病"共确诊病患188例，其中死亡185例。

镉元素大量进入神通川是在二战时期，彼时，政府鼓励矿山增产以满足日益扩大的战争需求。在那个战争大于一切的年代，沿岸居民的陈情根本不可能传至工厂或地方政府。

二战后，三重县四日市市作为石油化工产业园聚集区发展起来，在发展过程中，工厂煤烟中大量的二氧化硫等物严重污染了当地空气。1972年，四日市市公害诉讼认定，石化工业园区里的六家公司所排煤烟是导致工业园区附近居民出现哮喘症状的原因。此后，千叶、川崎、西淀川（大阪）、仓

① 佐高信：《原田正纯的道路——与水俣病坚持斗争的医生的一生》，每日新闻社，2013年。

敷、名古屋南部等地也相继提起大气污染相关的公害诉讼。

（2）日本毒猪肉事件

2007～2008年，日本超市出售的一种标识为中国天洋食品厂生产的速冻饺子中混入杀虫剂（甲胺磷）导致消费者中毒，引发所谓"毒饺子事件"，日本媒体对此进行了大量报道。后经查明，该事件是因食品厂一名员工对公司不满，故意投毒所致。

虽然"毒饺子事件"是源于私怨的个案，但诸如石蜡大米、敌敌畏火腿、添加苏丹红的酱腌菜和辣椒酱、福尔马林火锅、硫黄蜜枣、硫酸铜木耳等，中国国内威胁食品安全的事件频繁发生。

2006年9月，上海发生大规模食用猪肉中毒事件，市内9个区300余人中毒，毒源是饲养者在猪饲料中掺入的瘦肉精。

2003年，劣质奶粉导致安徽农村十多人死于营养失调。2008年，三鹿、蒙牛、伊利、光明等中国知名乳制品企业生产的奶粉中被检测出三聚氰胺。当时奶粉品质由其中的氮含量决定，由于向奶粉内掺入豆粉导致氮含量降低，因此这些奶企通过添加三聚氰胺来提高氮元素数值。

这些事件给中日关系带来极大影响，严重丑化了日本人心中的中国形象。大学通识课程中选修第二外语汉语，以及有意赴华留学的日本学生人数都因此锐减。

日本部分年轻人甚至抱有荒谬的想法，认为食品中毒是中国特有的，日本绝不会发生，但事实上日本也曾发生过类似事件。1955年的"森永毒奶粉事件"就是由于森永乳业德岛工厂在奶粉加工过程中掺入砷造成的。事件导致130名婴幼儿死亡，12131人中毒。

1967年，官方及民间血清研究所等单位用于制取猪霍乱疫苗用的病死猪肉被曝流入市场，秘密销售病菌猪事件浮出水面。熟悉日本和中国卫生保健行政管理的兽医铃木辉康当时是东京都卫生局的专家，获知消息后，他第一个将此事曝光。

　　这些病菌猪来自农林省家畜卫生实验所、千叶县血清研究所、日本生物科学研究所、北里研究所、日本疫苗那须研究所、松冈科学研究所等处，经过回收处理商、屠宰商之手，最终卖与批发商、零售商，甚至流入普利马火腿公司（Prima Meat Packers, Ltd.）等大型企业，仅警方能确认的就达7100头，案值5300多万日元。[①]

　　按照规定，制取疫苗用的病菌猪可售卖给厂家用以制造肥料、肥皂或皮革，但禁止加工食用。这起事件中，无良业者低价购入病菌猪以谋取暴利，研究所在此过程中助纣为虐，农林省下属畜产事业团个别员工将畜产事业团专用纸箱非法出售给无良业者赚取回扣。"病菌猪事件"最终发酵成包含私企、政府、研究所在内整个圈子互相勾结的贪污大案。

　　该事件之后，病菌猪被彻底焚烧处理，卫生局监管体制也有所加强。不过，十余年后的1986年，栃木县还是发生了贩卖病死猪肉的案件。

　　近年，日本部分周刊杂志大肆渲染访日中国游客的不文明行为，并把这一问题同中日间围绕的争议问题联系起来，煽动厌华情绪。但其实直到不久前，日本人自己的不文明行为还为海外所诟病。1967年3月14日的《朝日新闻》报道了日本游客在中国台湾的不文明行为，包括日本舞女持旅游签证入境非法营业，日本人赴台买春旅行，宾馆内大声喧哗，穿着浴袍、拖鞋四处游荡，随地小便，等等。当时的日本驻台部门一度发放礼仪宣传册，提醒日本游客注意。

　　那时出访海外的日本人并非全都不守秩序、素质差。同样的，现在访日的中国人也不是所有人都素质低下、不讲礼仪。

　　此外，正如"入乡随俗"这一谚语所说，应该尊重当地的秩序与礼仪，但当地人也需要对来自异国异域的人们持尽量宽容的态度。如果事先清晰地告知对方必须遵守的秩序和礼仪，一定能获得对方的理解和支持。这在拙著《世界凭什么和平共生》[②]中已经详细加以论述。

[①]　《读卖新闻》，1967年3月17日。《朝日新闻》，1967年4月27日。

[②]　梁憬君译，世界知识出版社，2015年。

（3）农村的变化

不仅是工业园区和城市，环境污染也扩散到了农村地区。

1942年颁布的《粮食管理法》规定，政府以低于国际价格的统一定价向农民收购大米，再低价配发给消费者。然而1955年粮食大丰收后，大米供过于求，意在保护消费者的这项收购政策带上了几分保护生产者的色彩，以高于市场的价格收购过剩大米的做法造成政府粮食管理的账面赤字大幅增加。为改变这种局面，1961年《农业基本法》出台，针对农地改革中产生的大量自耕农只有人均0.9公顷土地的现状，在扩大农户经营规模的同时积极推进作业机械化，由此来提高农业生产率，增强市场竞争力。

基于此对策，20世纪60年代初，日本农村开始农地大调整。之前大小分散的田地被分户集中规划为矩形农田，以方便使用耕耘机、拖拉机等农业机械。

农地调整仿若土木工程施工现场，打破农田、田间渠系及河流的原有规划，用新浇筑的混凝土水渠将农田围整成矩形。施工过程中，小河、农田里的鱼类、贝类和昆虫无处可逃，河边的柳树、花草也被推土机卷进翻起的土块里，寡淡无味的"混凝土制造"的农村景象自此诞生，鱼、蚬、萤火虫的身影消失不见。

水稻种植从育秧、插秧到收割需要花费很多功夫，尤其辛苦的是田间除草。炎炎烈日下，农民必须蹲在稻田里用手一根一根地拔除杂草，不一会儿就会腰酸背痛。这是非常需要耐力的重体力活，笔者少年时也曾帮家里干过。这些田间劳动，在日本都是由农村妇女来做。据说阿富汗农业大臣曾向农业经济学泰斗东畑精一教授请教日本农业发展秘诀，得到的回答是："因为日本农业不是husbandry，而是wifery。"[1]

笔者读研期间在小岛丽逸教授讲授的"中国经济论"课上听到这件轶事

---

[1]　英语中"husband"意为丈夫，而"husbandry"意为农业耕作。东畑精一教授依此诙谐地仿造出"wifery"一词，意指"由妻子支撑的农业"。——译者注

时，对东畑精一教授的幽默和见识印象深刻，当时的场景至今仍记忆犹新。日本的农业学者会深入田间地头检查土壤、秧苗，会从家畜笼舍里抓起粪便查看饲料喂养情况，丝毫不介意进入农畜业生产养殖现场。这一点上，与因为种姓制度而不愿参与体力劳动的印度农业学者有很大区别。

小岛丽逸教授讲课幽默风趣，深受学生欢迎。教授认为，当时日本女性体态欠佳全拜田间除草所赐——除草时必须猫着腰在田里爬来爬去，这种在日本农村默认为由女性负责的工作直接影响了女性的身形。1959年，儿岛明子成为首位当选"环球小姐"的日本女性。按照教授的说法，日本女性形体的逐渐改善与农业劳动强度降低以及农业人口减少不无关系。

现代社会过分追求外形美，认为拥有一双细得快要断掉的长腿才是美女。而在出身农村的笔者看来，双腿粗壮有力的女性才更健康、更美好。

20世纪60年代以后，日本农村的犁地、插秧、除草、收割、脱谷等作业先后实现了机械化，牛、马也从田间地头消失。机械作业大大降低了农民劳动强度，但同时农机购置费也让小规模经营农户透不过气来。父亲们作为家中主要劳动力不得不从事副业或外出打工赚取现金收入。

为了提高农业生产率，农民大量使用化肥以及除虫农药。田间再也听不到蛙鸣，泥鳅和田螺也不见了踪影。

笔者出生于鸟取县西部小山坳的农村。在这里，所有的农田都被撒播了一种叫对硫磷的农药，这种农药在1971年就被禁止使用了，属于含有剧毒的有机磷类农药。那时，学校尚未修建泳池，孩子们却被禁止在河里游泳。现今，在一些发展中国家也是如此，因急于发展经济而剥夺了孩子们原有的游戏场所。

生活污水排放导致的污染问题也开始显现。洗衣机随着自来水的普及进入农村，但污水处理严重滞后。衣用、厨用合成洗涤剂冒着大量泡沫直接排入村间小河。

经济高速增长期，日本农村生产力与生活水平大幅提高，同时美丽悠闲的田园风光一去不返，农田、河流污染严重。回头来看，其实我们完全可以在调整农地时把工作做得更细，尽力保全原有生态，也一定能找到办法兼顾提高生产率与控制使用农药。一味追求生产力的蛮干做法让日本农村失去了太多太多。

（4）交通事故增加

经济的快速发展必然带动机动车产销量及交通流量的增长，而随着机动车普及，交通流量加大，交通事故率也开始攀升。在经济高速增长后期的1970年，日本交通事故死亡人数达到峰值的16765人，受伤人数更多，约为死亡人数的50倍。当时在日本，这种情况被称为"交通战争"。

中国的机动车销售量，2003年仅次于美、日，位列世界第三，2009年后跃居第一。受此影响，某些年份的交通事故死亡人数甚至超过10万。数据显示，2015年中国交通事故死亡人数为58022人，受伤199880人。[①]

公路的初期建设成本一般远低于铁路，再加上汽车运输在时间、路线上灵活度更高、运费也更低廉，人们常想当然地认为汽车比铁路更有效率。日本国有铁路民营化改革时，很多亏损的地方支线被叫停，就是因为铁路运输的低效。但是，经济学家宇泽弘文提出的"汽车的社会性费用"理论[②]则推翻了汽车运输高效的通说。

汽车运行的社会性费用除了汽车制造费、燃油费外，还包括公路建设维护费，此外环境污染和交通事故伤害导致的损失及其救援、赔偿的费用也应计算在内。然而现实中汽车部门只承担了其中的制造成本和燃油费用，剩余大部分费用则由政府或其他部门买单。反观铁路部门，不但需要自行购入土地铺设铁轨和枕木，建设维护费用也要靠运费收入来支付，因此在人们眼里成本高昂。但从环境污染和交通事故给社会造成的损失来看，铁路其实比汽车少得多。

如此若进一步考虑社会性费用的话，很难说汽车比铁路更低廉、高效。

---

① 《中国统计年鉴》2016年版。
② 宇泽弘文：《社会性共通资本与社会性费用》，岩波书店，1994年。

前文提到日本交通事故死亡人数在1970年达到峰值，其后逐年减少，现在稳定在峰值三分之一的水平。那么，日本是如何减少交通事故死亡人数的呢？可列举出以下几点。

第一，坚持"行人优先"的原则。对行人造成伤害的交通事故由机动车驾驶人承担主要责任。对机动车驾驶人实行赏罚并用政策。

实行累积计分制，多次违规则吊销驾驶证。重罚超速行为，超过限速20km/h者罚款1.8万日元。严格取缔酒驾，无论是否造成事故，一律吊销驾驶证，公务员因酒驾造成交通事故的，一律解雇。加大取缔机动车违法停靠的力度，违停车辆除处以罚金外，还收取移车产生的拖车使用费。此外，交通肇事产生的高额赔偿也对降低事故率起到一定作用。奖惩并重，实行金牌驾驶证制度，5年零事故、零违规即可认定为金牌驾驶证，购买机动车保险时可享受保费9折优惠。

第二，完善公共交通规章制度，改进交通管理。设置公交优先道，安装信号灯，设定单行线，实行车道人行道分离等方面得到进一步优化。同时，安全带和气囊等技术装备的改进也有效降低了交通事故率。

第三，广泛宣传交通规则，全面普及安全教育。面向学生的交通安全教育以及换领驾驶证时的强制学习也起到了一定的效果。

在中、美等国，机动车方向盘在左侧，车辆靠右行驶，红灯时也能右转；在日本，方向盘在右侧，车辆靠左行驶，红灯亮时左转、右转都不行。中国人口多，行人也多，是否可以考虑效仿日本模式，红灯时禁止左转和右转呢？

最近的年轻人不同于老一辈人，不喜欢宽大厚重的汽车，也不将汽车视为身份的象征。聪慧的年轻人也许会改变以往汽车社会的面貌。

第

3

章

日式资本主义的特征

1. 美国人眼中"日本经济高速增长的原因"

　　战后，日本经济快速发展，成功跻身先进资本主义国家的行列。这条从战争废墟中走出的腾飞之路备受关注，很多学者从哲学思想、历史文化角度出发，在"日本人论"或"日本文化论"框架下展开探讨，笔者也在拙作《世界凭什么和平共生》[①]中进行了详细分析，感兴趣的读者可以参考。本节中，笔者将从社会经济层面寻找日本经济高速增长的原因。

（1）美国《财富》杂志的观点

　　日本快速发展的高峰时期，美国《财富》杂志1968年9月刊中曾推出日本特集，专门探究日本经济高速增长的原因，精准指出了日式资本主义的特征。接下来，笔者将针对《财富》杂志的观点进行个人解读并加以讨论。

　　《财富》杂志认为，日本实现经济高速增长最重要的原因在于重点投资钢铁、石油化工等重化工部门，以及着力建设与完善基础设施。本书第一章谈及"倾斜生产方式"时也提到，原材料、能源等产业的发展是经济长期持续增长的推动力。同时，公路、铁路、港口、大坝等基础设施的完善，为原材料、能源乃至制造行业的发展打下坚实基础。

---

① 梁憬君译，世界知识出版社，2015年。

第二个重要原因是日本努力开拓国内市场，鼓励购买国货。20世纪50年代末到60年代中期，电视机进入日本城市和农村家庭。当时日本产电视机质量绝非上乘，但大多数家庭仍选择购买国货而非进口产品。

笔者曾于1984年起驻华两年，期间常有中国人向我打听在优质的日本产电视机里哪个品牌的产品最好。当时中国本土已有数家全国性知名家电制造商，但老百姓青睐的却是"日本制造"。作为日本人我不胜荣幸，但也暗忖，若中国人能更多关注一下本国产品，会不会更好呢？

在日本，人们购买汽车也以国产车为主，这与政府保护、培育汽车产业密切相关。1960年以前，日本政府一直对汽车产业扩大设备投资投入财政支持，同时设置进口商品配额，征收高额关税，限制外国产汽车进口。1953年，日本成为"关贸总协定"（GATT）观察员，虽面临贸易自由化的压力，但考虑到日本汽车在大型轿车市场尚未形成国际竞争力，所以仍坚持限制进口排量为1.9升以上的大型轿车，其关税税率也仅从40%下调为35%。直到1965年以后，日本才彻底放开乘用车进口。

支撑日本经济发展的第三大原因是日本人勤勉的工作态度。经济高速增长时期，公司职员努力工作，一度被称为"拼命三郎""企业战士"，工作占据了他们人生大半的时光。

笔者父亲也曾供职于公司，每天早上7点出门，深夜12点多才回家，工作日极少与家人一起吃饭。不过，他们在外期间是否都在工作呢？这点很值得怀疑。一般来说，下午5点后他们稍微加加班，然后会去小酒馆喝喝酒，去麻将馆打打麻将……当然也有陪客户的时候，但纯粹和公司同事一起喝酒的情况也不少。周六下午或是周日总该待在家里了吧，又借口要陪客户打高尔夫球，常常出门。经济高速增长期结束后的一条电视广告或许道出了妻子们的心声——"孩子爸，身体健康、总不在家最好"[1]。

---

[1] 大部分日本职业男性在家不仅不带孩子，不做家务，还需要妻子为他准备饭菜、洗澡水，夫妻间交流也少，所以很多日本主妇认为丈夫在家是累赘，强烈希望丈夫身体健康，好好在外挣钱养家，少待在家里给自己添麻烦。——译者注

第四个重要原因在于"企业内工会"[①]。工会与企业领导干部之间有密切的合作关系。在欧美，通常根据职业种类或行业类别设立工会，跨企业横向地组织从事相同工种的劳动者。而在日本，"企业内工会"由该企业所雇用的正式员工组成，临时工和派遣员工即使与正式员工同岗同工也不能加入。此外，工会成员仅限于普通员工或股长以下级别者，一旦升任科长或科长以上的管理职位就必须退出工会。

"企业内工会"与日本特有的雇佣惯例——"终身雇佣制""工龄工资制"[②]互为支撑，优先考虑企业自身发展，尽量避免劳资对立。工会中也可能走出未来的企业领导干部。工会出身的干部在工作中重新面对工会时是否更温和呢？也未必。曾有工会领导或积极分子进入企业管理层后，因熟悉工会内部情况反而实行更为严厉的劳务管理。

松下幸之助、本田宗一郎等人在年轻时都经历过学徒阶段，属于从基层奋斗上来的企业创业者型总经理。他们奉行"家族式经营"和"现场主义"[③]，一直非常尊重和重视企业内工会，每年的工会大会都出席并致辞。

日本黑猫大和公司的小仓昌夫也很注重与工会保持良好关系。小仓是企业家二代，接手父亲的公司出任总经理。开展"宅急便"（即快递）业务之初，小仓遭到其他董事集体反对，唯有工会熟知一线业务，深谙黑猫大和公司的经营困境，全力支持小仓的提案。这也是为何小仓在其所著《经营学》[④]一书中，再三强调工会具有敏锐的工作现场直觉及其重要性的原因。

当然，工会也有给企业经营拖后腿的时候。樋口广太郎，朝日啤酒总经理，任职期间开发出舒波乐干啤（ASAHI SUPER DRY）。朝日啤酒在日本国内销售额因此从业界第四跃升至第一。樋口刚从住友银行调任经营不善的朝日啤酒之时曾一度与工会发生冲突，起因就是工会负责人把持特权不放，

---

① 日本将"工会"称为"劳动组合"，简称"劳组"。"企业内工会"也称为"企业内劳动组合"。——译者注
② 也称"年功序列制"。——译者注
③ 主张管理者应亲自下基层，深入一线了解现实情况。——译者注
④ 日经BP社，1999年。

严重阻碍了经营改革。

可见，工会也应有自净机制，杜绝"堕落干部"和"劳动贵族"[①]的产生。

简称"联合"的"劳动组合总联合会"成立于1989年，是日本全国性工会组织（由官方与民间各类工会团体共同组成的新的中央劳动团体），成员数量日本第一。"联合"中颇具实力的会员当数"电力总联"和"电机劳联"，前者由多家电力公司工会组成，后者的成员中包括负责核电设备制造的电机公司工会。"联合"是旧民进党（原民主党）最大的支持力量。旧民进党一直不愿明确提出"脱核电"方针，就是因为"电力总联"及"电机劳联"反对"脱核电"。

把劳动者联合起来维护工人阶级的一般权益，这本是工会的职责所在，但"电力总联""电机劳联"却被一己私利蒙蔽了双眼，完全忘记了自身担负的责任。

日本经济快速增长的第五个原因在于以综合商社为中心积极开拓国际市场。据称从粮食到武器，只要是赚钱的买卖，日本综合商社什么都做。当年具有代表性的九大商社分别是三井物产、三菱商事、丸红、伊藤忠、住友商事、日商岩井、东棉、兼松江商、日棉[②]。

综合商社业务范围广泛，能够克服传统贸易中买与卖两条线相互独立的局限，给买卖双方牵线搭桥。例如，中东某产油国欲从日本A公司进口油轮，但缺少资金。恰逢日本B公司计划从该国进口石油，于是，通过综合商社穿针引线，统筹数笔交易，最终各方均能如愿，皆大欢喜。

当然，日本扩大出口并非只有好的一面，家电产品和汽车的大量外销也招致世界各国的抵制。池田首相访欧时，法国总统戴高乐曾揶揄其是"三极

---

① "堕落干部"，即忘记工会维护劳动者权益的本分，只顾追逐个人利益和地位的工会干部。"劳动贵族"，是对工会里部分高收入干部的讽刺说法。这些人为了谋求个人地位和私利，与政治家及其他利用工会的人沆瀣一气，失去了劳动者的拥护。——译者注

② 现在，日商岩井和日棉合并为"双日"。2006年，东棉被丰田系商社——丰田通商兼并。

管商人"。时任巴基斯坦外交部长布托（Bhutto）也批评日本人是"经济动物"。1974年，田中角荣首相出访东南亚诸国，当地爆发大规模反日游行，造成了人员伤亡。

（2）政、官、商的"铁三角"

日本实现经济飞速发展的第六个原因在于自民党（政界）、政府机构（官界）以及财经界的紧密合作关系，这被称为政、官、商的"铁三角"。

1955年10月，属革新派的日本社会党左右两派整合统一，11月，保守派方面的自由党与日本民主党合并组成自由民主党。由此，世称"55年体制"的权力格局诞生。如图表3-1所示。

图表 3-1　日本"55 年体制"下的权力格局和批判势力（20 世纪后半期）

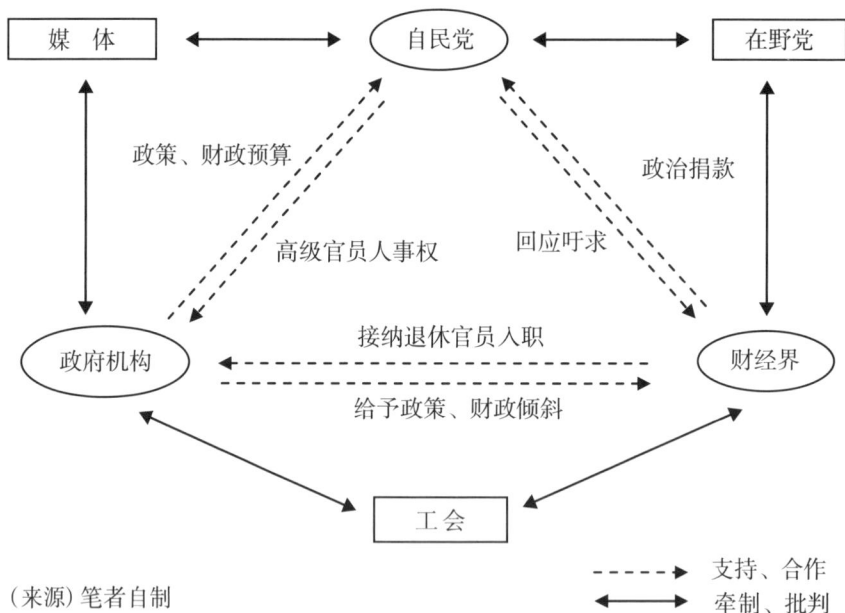

（来源）笔者自制

作为执政党的自民党将高级官员人事权交给政府机构（官界），作为交换，政府机构（官界）为自民党议员在选区兴建公共设施以及预算补贴等方面提供方便。对于财经界，自民党回应其各种吁求的同时也向其收取政治捐款。政府机构（官界）在财政、政策面上给予财经界优厚的待遇，同时企业也为官员预留退休后发挥余热的职位。

如此，手握政、官、商各界权力的阶层密切合作，主宰了日本经济发展的方向。当然，日本国内也存在批判势力，他们遏制权力阶层的权力滥用，维护社会的平衡与稳定，这一点虽然《财富》杂志未曾提到，但也是日式资本主义的重要特征之一。

当年，社会党希望借由议会制民主主义来建立社会主义社会。虽然这一主张缺乏现实性，最终只停留在理念上，但作为"万年在野反对党"，社会党起到了批判自民党的作用。此外，工会在一定程度上限制了财经界大佬和政府高级官员，媒体也对政治家、官员的贪腐现象及施政错误给予了最严厉的批判。

佐藤荣作是前首相岸信介的亲弟弟，曾任岸内阁大藏大臣。兄弟二人在自民党内隶属不同派系，但政治外交路线一样保守。1964年佐藤就任首相，对华政策上努力追随美国，反对中国加入联合国。然而，1971年尼克松突然宣布访华计划（1972年访华），日本外交因此陷入尴尬境地。

日本政府在中日邦交正常化方面的落后步调遭到媒体严厉抨击，佐藤被迫下台。出于对当时传媒舆论的痛恨，佐藤将参加首相辞任记者招待会的新闻记者全数逐出会场。

佐藤辞职后，田中角荣继任首相，成功实现中日邦交正常化。在大学学历居多的日本首相中，只有小学文化程度的田中是一路从地方摸爬滚打成长起来的，让日本百姓倍觉亲近。田中后因涉嫌收受洛克希德公司的贿赂而被捕，曝光这一钱权交易的也是媒体。此后，竹下登乃至近年的鸠山由纪夫等很多政治家都因受贿或逃税等丑闻被媒体穷追猛打，不得不辞去首相或内阁大臣的职务。

2009年，民主党（2016年更名为民进党）政权诞生，日本国内权力格局发生重大变化。不过，冰冻千尺非一日之寒。若向前追溯20年，从社会党初显颓势之时起，自民党一党专政的格局即已发生动摇。民主党成员包括自民党一部分成员及原社会党人士，涵盖左、右派多种立场和思想。原本自民党内部就聚集着从国家主义者到自由主义者、从亲美派到中日友好派等等广泛阶层的议员，民主党的成立可以说是第二个自民党的诞生。如果非要指出二者不同之处的话，自民党偏向财经界，而民主党的主要支持力量来自以大企业工会为中心的"联合"（日本劳动组合联合会）。

图表3-2是旧民主党所追求的两大政党制度下政、官、商三方合作关系与批判势力情况的预测图。2011年，大阪明星律师桥下彻率领"平成维新会"在大阪府知事、市长选举中取得压倒性的胜利，"平成维新会"一举从地方打入中央政坛。现有政党中的一部分人也意欲倚仗"平成维新会"的势头而对其频送秋波。

图表 3-2　旧民主党所描绘的两大政党制构想

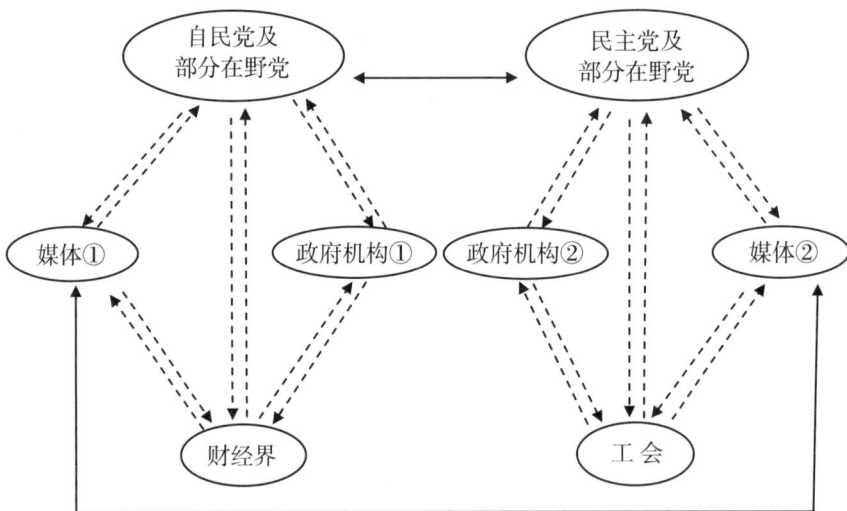

（来源）笔者自制

- - - - ▶　支持、合作
◀─────▶　牵制、批判

2012年众议院选举，民主党大败，席位从230席降至57席，自民党和公明党的执政联盟获得全部议席2/3以上的绝对多数。2016年，民主党采取例如改名为民进党等措施来寻找出路，"平成维新会"也因桥下彻退出政坛而势头一落千丈。之后，民进党进一步分裂出立宪民主党等少数派在野党。旧民主党所畅想的两大政党制构想无奈破灭。

从这点来看，可以说"55年体制"仍在延续。不过另一方面，细川护熙（原日本新党众议院议员）和小泉纯一郎（原自民党众议院议员）两位前首相打出"脱核电"旗号，展示出了新的动向。明确提出"脱核电"政策的政党，或许会成为推动政坛变化的主导力量。

无论如何，当今日本政治形势风云万变，今后政界重组也将持续上演。

2. 美国人不知道的日式资本主义特征

前文中，我们聚焦《财富》杂志罗列的日本经济快速增长原因，对日式资本主义各种特征进行了解说。《财富》杂志的确抓住了日式资本主义的特点，但可惜的是，它也遗漏了其他更为重要的特征。为何会遗漏如此重要的内容呢？笔者认为，正是美式资本主义自身所欠缺的视角导致美国人难以发觉这些特征的重要性。

（1）权力制衡

《财富》杂志漏提的日式资本主义的第一个特征，在于权力制衡和相互监督颇具日本特色。长年任职日本长期信用银行的经济专家竹内宏，用如下公式定义日本权力结构的制衡关系：

$$（权力）+（收入）+（声誉）=恒定值[1]$$

大臣和官员虽手握政治大权，但公务员的身份使他们的薪金远不及财经界人士，声誉也不算太高。财经界人士收入丰厚但无政治实权，也不太受世人尊敬。学界和媒体与权力、厚禄皆无缘，但拥有较高的社会信赖度。这与

---

[1]　竹内宏：《父亲写给儿子的日本经济书——一个经济学者的前半生》，PHP研究所，1993年。

图表3-1所示的权力制衡的构造稍有不同，但同样体现出权力的平衡与相互制约。不让权力、财富、声誉三者同时集中至某一极，正是日式资本主义获得稳定和发展的关键所在。

日本财经界中也有极富风骨的人士，他们不愿政府干涉经济领域问题，认为"民"应独立于"官"。担任"日经联"①会长的樱田武，人称"Mr.日经联"（即最能代表日经联的人）。他就是这样一个颇具影响力，能与政界对抗的人物。

石田礼助，商社职员出身，后位至三井物产最高层。二战中，军部下达命令征收中国谷物，传闻石田对此回应道"如果支付（给中国）合适的收购费用就做（征收）"，因此惹恼军部。二战后，石田被派驻美国。他积极融入当地社会，一度要被授予西雅图市荣誉市民的称号。但财经界人士特有的矜持使他不因政府授勋而沾沾自喜，当政府征求其受勋意愿时，他表示"猴子（monkey）不适合勋章"，断然回绝。

卸任总经理一职后，石田度过了一段悠然闲适的生活，后受邀出任日本国有铁路公司（后简称国铁）总裁。78岁高龄应对负债累累的国铁，辛苦的程度显而易见。最初不仅家人反对，其本人也无意受命。再三邀请下，石田终同意出山但不要任何报酬——此上任条件骇世惊俗。最后，考虑到如果总裁零报酬，副总裁也无法拿工资，于是其年薪被定为5瓶进口威士忌。

彼时，国铁属于国有企业，人事任免与国家公务员相似。通过公务员考试（国家公务员Ⅰ类考试）录用的总公司编制员工和无须参加公务员考试直接录用的地方员工之间有着天壤之别。进公司不足10年的总公司编制员工升任地方铁路管理局或大型车站管理岗位后，对经验丰富、业务能力出众的年长部下颐指气使，类似的事情屡见不鲜。

石田反对这种差别对待，人事上坚持任人唯"能"。福冈县境内的志免

---

① 日本经营者团体联盟（简称"日经联"）成立于1948年4月。2002年5月，"日经联"与"经团联"（全称"经济团体联合会"）统合成立社团法人日本经济团体联合会(简称新"经团联"）。新"经团联"是日本最大的经济团体，日本各大企业、商社的董事长或总经理几乎都加入其中并担任各种领导。——译者注。

煤矿原属国铁经营，1959年围绕煤矿脱离国铁曾引发大规模纠纷。成功解决劳资纠纷的志免矿业所长是地方员工出身，但石田赏识其才干，将其提拔为仙台管区局长，后升任东京管区局长，享受董事待遇。

国铁赤字严重，需要政府补贴，石田因此常被国会传唤。

在日本，"老师"是一个便捷的称呼，不仅教育工作者，医生、律师、作家、漫画家、电影导演、表演艺术家、设计师、花道匠师、舞蹈教师、电视艺人、政治家等人士都唤作"老师"。古装电影中，做侍卫的浪人①也被称为"老师"。甚至有一句川柳专门讽刺"老师"一词的滥用状况——"我不是傻瓜，还没笨到被称为老师的程度"。

据说，国会答辩中，石田未遵循惯例称呼国会议员为"老师"而代之以"诸君诸位"，这举动一度引发会场骚动，议员们纷纷认为其"无礼"。对此，石田抗辩："本人虽粗野却不卑微。"②

中山素平，在任职日本兴业银行行长期间成功推动"八幡制铁"与"富士制铁"合并重组为"新日本制铁"，是个铁腕人物。当年，这一合并案因涉嫌触犯《反垄断法》，遭到马克思主义经济学家乃至凯恩斯主义经济学家们的反对。

上述的樱田也好，石田、中山也罢，均回绝了国家授予的勋章。在他们身上可以看到日本财经界人士特有的矜持。

（2）社会公平

日式资本主义的第二个重要特征在于社会公平稳定，治安良好。20世纪50~70年代，日本个人所得税和遗产税的累进度③很高，收入经过再分配后变得较为均等。由图表3-3可知，1976年日本的个人所得税税率从最高70%

---

① "浪人"，指日本古代离开主家失去俸禄的武士，又称"浪士"。——译者注
② 城山三郎：《虽粗野却不卑微——石田礼助的一生》。
③ 日本的所得税制采取的是随着收入上升，税收负担率（负担的税额/收入总和）也随之上升的一种具有累进性的税率制度。累进度是表示挣了多少收入就应该相应负担多少税额的程度。——译者注

到最低10.5%细分为15档。即使有1亿日元的收入，税后个人也只余3000万日元。

个人所得税最高一档的税率，美国为35%，英国40%，德国49%，法国50%。与这些国家相比，日本的70%要高得多。

图表3-3　个人所得税率的国际比较

	日本		美国 （2003年）	英国 （2003年）	德国 （2003年）	法国 （2003年）
	1976年度	2003年度				
个人所得税/GNP （含地方税）	6.2% (8.9%)	3.8% (6.1%)	12.5% (15.2%)	14.4%	10.6% (13.0%)	11.2%
课税起征点 (地方税课税起征点)	235.7万日元 (191.2万日元)	384.2万日元 (325.0万日元)	316.4万日元 (200.8万日元)	150.0万 日元	422.3万 日元	338.5万 日元
税率　最低税率	10.5%	10%	10%	10%	20%	7.05%
最高税率 （含地方税）	70% (78%)	37% (50%)	35% (45.5%)	40%	48.5%	49.58%
税率等级数量 (地方税税率等级数)	15 (14)	4 (3)	6 (5，4)	3	—	6

（资料来源）永长正士：《图说日本税制》，财经详报社，2003年。

遗产税税率在修订前分为9档，最高70%，最低10%。最高档税率相较美国的49%、英国的40%、德国的50%以及法国的40%也要高出许多（参见图表3-4）。

第一代积蓄的巨额财富，在缴纳70%的遗产税后，子辈仅能继承到30%，再到孙辈，则进一步缩水至9%。

江户时代有川柳云"用唐体书写售房告示的孙辈"。这种现象在现代日本已成常态。所谓"唐体"，是指汲取明代书法家文徵明书法风格的字体，须花费大量的金钱与时间才能练就。若子孙不勤勉，仅依仗祖上遗产坐吃山空，再富裕的门庭也会中落。现代日本正是通过采取高税率的累进制税收来避免阶层、财富差距的固化。

2015年日本修订遗产税后，税率仍较有利于富裕阶层。历年修订中，每

名法定继承人继承遗产的数额、税率、税率档数的变化如下所示：[①]

2002年以前　800万日元以下（10%）～20亿日元以上（70%）　9档

2003～2014年　1000万日元以下（10%）～3亿日元以上（50%）　6档

2015年以后　1000万日元以下（10%）～6亿日元以上（55%）　8档

图表 3-4　遗产税税率的国际比较

	日本		美国	英国	德国			法国
课税方式	A		B	B	A			A
课税起征点 （配偶+子女3名）	9000万日元		2.42亿日元	9300万日元	1.4637亿日元			3284万日元
（子女3名）	8000万日元		1.21亿日元	4650万日元	7318万日元			1642万日元
最低税率	10%		41% （18%）	40%	a 7%	b 12%	c 17%	5%
最高税率	修订前 70%	修订后 50%	49%		30%	40%	50%	40%
税率等级数	修订前 9	修订后 6	4(15)	1	7			7

（注）①课税方式：A. 对遗产获得部分课税

B. 对遗产总额课税

②课税起征点：遗产继承人为配偶及3名子女时，起征额度指配偶继承遗产1/2、子女均分剩余1/2遗产所获数额；遗产继承人为3名子女时，起征额度指子女均分遗产所获数额。

③德国税率：a. 配偶及子女等　b. 兄弟姐妹　c. 其他

④美国的遗产税额，并非是由扣除基本费用后的遗产余额乘以税率得出，而是遗产总额乘以税率后再行税额扣除。表中所列最低税率和税率等级数是根据实际情况换算而成，括号中是名义上的数据。

（资料来源）永长正士：《图说日本税制》，财经详报社，2003年。

---

① 浦野广明：《因税收扩大的财富差距与贫困》，木通书房，2016年。

因为制度和年份不同，中国方面的情况难以与图表3-3进行直接比较。2016年中国个人所得税税收总额为1.88万亿元人民币，仅占GNP的1.4%（《中国统计年鉴》2017年版）。中国个人所得税征收类别分为3种。

工资、薪金所得的个税起征点[①]为年收入7.6万元人民币（约合133.4万日元），分为3%~45%的7档税率。个体工商户的个税起征点为年收入1.5万元人民币（约合24.5万日元），分为5%~35%共5档。作家、演员等在艺术、技能诸方面的收入按次征税，起征点为每次2万人民币（约合32.6万日元），分为20%~40%共3档。[②]

与图表3-3所列五国相比，中国个税起征点低，累进制税率有利于高收入阶层，在纠正收入差距方面很难说发挥了应有作用。此外，中国尚未开征遗产税。

日本大型企业总裁和普通员工的工资差别并不大。美国企业CEO和普通员工之间的薪酬差距，1978年为30倍，2013年增至300倍，差距最大的2000年一度达到400倍。

与美国相比，日本很长一段时期都把差距控制在3倍左右。1997年，日本排名前50的高额纳税个人中，领头的为房地产业6人、消费金融业6人、弹子游戏机产业3人，大型企业总裁排位最靠前的是大正制药公司会长，仅列第16位。

近年受市场规则[③]思潮影响，两者间的薪酬差距扩大到25倍（2013年），仍远不及美企。2009年以后，薪酬超过1亿日元的大企业经营者开始实名公布，人数屈指可数。

---

① 中国的个人所得税是按照月收入来计算的，本书将此数据换算为年收入。例如工资薪金所得税是月收入减去基础免税额3500元、扣除社会保险金（以总收入为基数计算，须缴纳养老保险8%、医疗保险2%、失业保险1%、住房公积金12%、企业年金4%）等之后，应税起征点是6295元（4795元+1500元）。此数额乘以12倍后作为年收入的应税起征点。个体工商户则是其年营业收入中扣除各类成本、费用、税金、损耗后的金额为应税所得。应税起征点为年收入15000元。
② 刘佐：《中国税制概览2015年（第19版）》，经济科学出版社，2015年。
③ 日本称作"市场原理主義"。——译者注

计算个人所得税的基础是应税收入。针对收入不稳定、经营风险较大的中小企业经营者以及农户，其"应税收入捕捉率"①（税务署所掌握的收入/实际收入）设定较低，以确保平衡。这一比率据说长期维持在9（工薪阶层）：6（中小企业经营者和个体经营者）：4（农户）的水平。现在针对工薪阶层的"应税收入捕捉率"有所提高，目前该比率推定为10：8：3。

完备的社会保障制度是实现社会稳定的重要条件。日本于1961年设定了国民全保险制度和国民全年金制度。在国民全保险制度下，所有国民必须加入公共医疗保险，个人只需负担较少费用就可享受医疗服务。国民全年金制度也要求全体国民履行无条件加入的义务，加入者年老后或不幸身残时，可以领取公共年金②。

只要收入差距不太大，同时医疗保险、退休金等社会保障完善到位，就不易产生贫困、歧视、仇富现象，犯罪的发生率也低，人民能够安心生活。

图表3-5是资本主义国家犯罪发案率与逮捕率的比较图。GDP世界第一、拥有众多富豪的美国，杀人案件发案率最高，这与其持枪自由以及收入差距大有关。同时，美国交通事故的伤亡率也是最高的。

根据《中国社会统计年鉴》2015年版第343～344页记载，2014年主要犯罪及交通事故数量如下所示（括号内为笔者推算的每10万人口的发生数）：

刑事杀人案件 10083件（0.74）　　　主要犯罪案件数 6539692（478）
交通事故死亡人数 58523人（4.2）　　受伤人数 211882人（15.5）

由以上数据可知，中国每10万人的刑事杀人案件发生率和交通事故死亡人数均远低于图表3-5中所列五国。

---

① 日文为"课税所得捕捉率"，是指在本应视为征税对象的收入中，由税务署掌握的比率数值。——译者注
② 日本的"公共年金"包括国民年金、厚生年金和共济年金。——译者注

图表 3-5　资本主义国家犯罪发案率与逮捕率（每 10 万人）

		日本	美国	英国	德国	法国
1998年	主要案件发案率	1337	5695	7032	7094	5619
	逮捕率	59.8	20.7	35.2	45.9	40.8
	刑事杀人案件发案率	1.2	8.5	2.0	4.1	4.6
	逮捕率	96.6	70.0	95.1	94.4	83.1
2002年	主要案件发案率	2240	4119	11240	7983	6932
	逮捕率	20.8	20.0	23.6	52.6	26.3
	刑事杀人案件发案率	1.2	5.6	3.5	3.2	4.1
	逮捕率	95.3	64.0	81.4	95.9	75.8
	交通事故死亡人数	6.5	14.8	5.8 (99年)	9.5 (99年)	12.2
	受伤人数	917	1018	533 (99年)	635 (99年)	232

（注）方框中的数据最好，下划线的数据最差。
（数据来源）《犯罪白皮书》（2004年），《世界统计》（2005年）。

2010年，中国超过日本成为GDP第二大国，汽车销量也跃居世界第一。GDP总量以及汽车销量的攀升并不一定带来人民福祉的改善与生活的安定，这一点中国需要留意。

（3）高储蓄率及重视教育

美国人遗漏的日式资本主义第三个特征是日本人勤俭节约、保持高储蓄率的生活方式。

家庭收入中用于消费的额度越高，储蓄额就越低。一直以来，日本人努力积蓄，提前准备存款以应对子女教育、购买住房以及养老、疾病等未来支出。1980年日本家庭储蓄率（=家庭储蓄额/家庭可支配收入）为17.09%，1995年为13.01%，而同期美国分别为9.0%和4.7%。

近年，美国贸易、财政赤字膨胀，无论国民个人还是政府部门都显示出过于强劲的借贷消费倾向。日本虽然也存在财政赤字（即政府借款数额日益庞大的问题），但日本国债大部分为本国内部购买，而美国国债则以中、日等国外买家为主。换句话说，美国向外国借入了大笔资金。

日本家庭储蓄率高的原因之一是拥有邮局这一便利、稳妥的储蓄渠道，且鼓励大家储蓄。日本邮局遍布城市和农村，居民不用走太远就能存款，极其方便。同时，邮储存款主要用于国库投融资，有国家作担保更让人放心。

日本小学以及初、高中到了最后一个学年时，会组织全年级学生外出修学旅行。在农村人口众多的年代，修学旅行是农村孩子初识东京、京都、大阪之繁华的难得机会。20世纪五六十年代，老百姓生活并不富裕，修学旅行的费用是个大负担，于是全日本的学校都让学生从一年级开始就在邮局开户准备这笔费用，这也促成了邮政储蓄金额的增长。邮储总额高达270万亿日元，占到含银行存款在内的个人储蓄总额的40%，若再加上邮局开展的简易保险业务额，则合计有370万亿日元。

日式资本主义的第四个重要特征是政府和国民均重视教育。在发展中国家，落后的初、中等教育常会拖拽经济发展的后腿。明治时期，日本经济还不发达，社会贫困，收入差距大，但初等教育却惠及绝大多数儿童。

二战后，日本着力于在短期内全面实施小学和初中义务教育制。修建校舍的木材不够时，甚至全村代代守护用来镇守神社的森林古树都可砍来用。[1]对比中国农村中小学教师常被忽视、薪金住宿等待遇尚待完善的现状，日本农村中小学教师至今在地方都很有名望，得到乡亲们的尊敬与信赖。

（4）和平的红利

1945年后，日本远离战争，集中精力进行建设，发展经济。这是日式资本主义的第五个特征。战争花费巨大、戕害生命，不仅使国土荒芜，更给人们留下难以抹去的心理创伤。美国之所以财政赤字居高不下、美元持续走低，其原因之一就是不断派兵海外，点燃越南战争等多场战火。

---

[1] 小岛丽逸：《巷谈 日本经济入门》，朝日选书，1991年。

"经济同友会"①执行董事品川正治，历任日本火灾海上保险（现日本兴亚损害保险）公司社长、会长，其经营哲学与个人的战争经历密切相关。

品川就读旧制三高（今京都大学教养学部前身）时，其好友反抗驻校军官而惹下祸端，身为学生代表的品川为此担责，退学后入伍，参加陆军。品川曾以普通士兵身份被派赴中国战场，亲眼看见日军种种丧尽天良的行径，自己也身负重伤与死神擦肩而过。

二战结束后的1946年4月，品川在返日的复员军人船上发现日本国宪法草案。据说读完"（日本）不拥有陆海空军，不承认国家交战权"的新宪法条款时，船上所有士兵都哭了——"如此一来，死去的战友岂不白白送命了？"②

品川与德国前首相施密特是故交，他一直秉持反对唯市场论和军备扩张的态度，毕生不断自问——"发动战争的是人，而能禁止和阻止战争的也是人，你品川究竟选哪条路？"

二战后，日本国内主流舆论不仅反对本国发动战争，同时也反对他国发动战争。在越南战争深陷泥潭时，"越平联"在1967年4月3日的《华盛顿邮报》上刊登了反越战广告，用大号字体印刷"不要屠杀！停止杀戮！停止越南战争！"③，呼吁美国无条件并永久停止轰炸越南北部，以及进行和平谈判。这是继1965年11月16日刊登在《纽约时报》后的第二次。该倡议的联合发起人有淡谷纪子、永六辅、泉卓、开高健、加藤芳郎、小松左京、久野收、桑原武夫、松本清张、小田实、冈本太郎、城山三郎、鹤见俊介等知名艺人、作家、艺术家、学者共13人。

"越平联"是专为反对越南战争而成立的团体，市民可自由参加。当时，相较个人的理想和想法，日本已有的左翼政党及20世纪60年代登场的新

---

① Japan Association of Corporate Executives，日本企业管理者团体，与"日本经济团体联合会""日本商工会议所"并称日本"经济三团体"。——译者注
② 品川正治：《战后历程——和平宪法之国的一名经济界人士》，岩波书店，2013年。
③ 广告原文为："殺すな！STOP THE KILLING! STOP THE VIETNAM WAR!"——译者注

左翼各派系更注重组织的维护与扩大。由于"越平联"的活动立足于市民生活，故没有这种组织优先的倾向，但其参与反战运动的能力并未因此削弱，团体成员曾经庇护越战美军逃兵并协助其成功逃往北欧。①

"越平联"还与美国反战反暴力和平活动家D.德林杰（David Dellinger）等人合作过。德林杰主张绝对和平主义，在1945年获知美国向广岛、长崎投放原子弹后，立即发起了反对运动。1966年，德林杰访问北越（南），与胡志明会见，促成释放部分美军战俘。

1968年4月，倡导民权运动、反对越南战争的马丁·路德·金（Martin Luther King）遭暗杀。6月，呼吁从越南撤兵的民主党总统候选人罗伯特·肯尼迪（Robert Kennedy）被暗杀。三个月后的1968年8月28日，芝加哥警察镇压反越战集会，发起集会的德林杰等七人（即芝加哥七君子，英文是Chicago Seven）被逮捕、起诉。1973年，法庭宣判其中四人藐视法庭罪罪名成立，但有关集会的罪名皆不成立。

2015年，在日本国会围绕安保法和集体自卫权进行的讨论中，有一种观点大行其道，即认为既然日本人陷于危险时需要美军保护，当美军遭受攻击时，日本又怎么能独善其身呢？这是一种狭隘的思维方式。树立假想敌、煽动恐怖情绪的同时，只顾守护本国人民的利益。它给每个人贴上国籍标签，只从一国国民的角度来看待人类，却忘记了假想敌国内也有过着普通生活的民众。

无论哪个国家、哪个民族的儿童，都不应在战火中四处奔逃偷生。我们为什么就想不出合适的办法与周边各国和平共处，让所有国家的人们都能安享和平生活呢？

D.德林杰以及"越平联"的目标，正是让所有国家的民众都能免于战火。日、美民间层面的合作是可能的。

---

① 高桥武智：《我们帮美军逃兵越境……越平联/JATEC、最后的秘密出国作战回忆录》，作品社，2007年。

3. 铁路文化——日本社会文化与企业文化的结合

（1）铁路公司的多元化经营

前文提到的革命先行者孙文在1919年发表了《实业计划》，描绘革命成功后中国产业发展蓝图。在《实业计划》中，孙文视交通为近代国家最重要的基础设施，提出修建西北铁路计划。不过，直到中华人民共和国成立以后，中国西北、西南地区才正式开通铁路干线，包括1966年开始运行的兰州—乌鲁木齐线、1971年的成都—昆明线，青海—西藏线则晚至2005年才贯通。

与中国依托国有铁路公司扩建铁路线路不同，日本构筑了国有铁路公司（国铁）与民营铁路公司（私铁）齐头并进的多样化铁路体系，这是日本铁路系统的第一个特征。

在日本，普通线路的长途车次有特急、急行、卧铺车之分，短途有快速、普通等类别。大城市里还有环绕市区的环线。1964年东京奥运会举办之际，日本开通国内第一条高速铁路——新干线。乘坐新干线时，乘客可根据停靠站数和平均时速选择"希望号""光号""回声号"等不同车型。如今，新干线运行有东海道线、山阳线、东北线、九州线、北陆线等多条线路。2016年，北海道新干线开通至函馆，预计2030年延伸至札幌。

目前，日本在建的磁悬浮新干线设计时速达500km，有望一小时连接东京与大阪。笔者曾在上海乘坐过连接市区与浦东机场的磁悬浮列车，最高时速达到430km，但列车摇晃剧烈且噪声大，令人遗憾。日本的磁悬浮新干线也在追求速度和减少运行时长的极限，很多线路因此在隧道中穿行，这虽然能大幅缩短东京到大阪之间的运行时间，然而真的有必要如此极致地追求速度和效率么？

日本的铁路系统还包含地铁、单轨铁路、地面有轨电车。东京市区地铁如张开的蛛网般四通八达，乘坐地铁比出租车等交通工具更经济便捷。

近年，中国城市的交通堵塞状况持续恶化，除了较早开通地铁的北上广津外，很多大城市也都正在大力推进地铁建设。

通常，铁路修建初期投资巨大，个别资本难以承担，这一经济学常识在马克思的《资本论》中也有提及。然而，日本的民营铁路公司（私铁）却与国有铁路公司（国铁）并驾齐驱，承担起城郊铁路线路的运营。首都圈除原国铁的JR线外，京王、小田急、东急、京滨急行、京成、东武、西武等各家私铁线路延伸到四面八方。关西地区也有阪急、阪神、南海、近铁、京阪等私铁。

那么，私铁是如何成功在日本立足的呢？其秘诀可从阪急电铁开创者小林一三的多元化经营中窥出几分。

首先，小林将房地产开发与铁路联系起来，打破私铁仅靠铺设铁路线收取运费的盈利模式限制。铁路开工前，先低价购入规划站点周边地块。一俟线路开通，地价上涨随即带来差额收益。若再建楼出售，则利润更丰。同时，伴随住宅面积扩大，消费者数量便随之攀升，于是可开设百货商场，运行公交、出租车，旅行社和广告公司的业务也增加起来。

咖喱饭是深受日本孩子喜爱的菜品之一。借用东京都银座印度料理店"尼尔餐厅"第二代店主尼尔（Nile）的话说，咖喱饭是"了不起的正宗日料"。

咖喱饭的大众普及之路起步于大阪梅田的阪急百货店，最初由小林一三提议将其添入阪急百货店大食堂的菜单中。据说1936年咖喱饭日销可达1.3万份。①

宝塚少女歌剧团享誉日本，团中无论男女角色均由女性扮演，这与男演员一统天下的日本歌舞伎恰好相反。宝塚少女歌舞团的前身宝塚歌唱队也是由小林一三所创。招募进团的年轻女孩在歌舞团团员专门培养机构——宝塚音乐学校接受严格的形体、修养、技艺训练。如今，歌舞团建团已逾百年，在女性为主的观众中常年保持较高人气，演出票一券难求。

小林一三还是电影公司"东宝映画"掌门人，曾亲自出马挖走松竹映画的当家小生林长二郎（后改名长谷川一夫）。长谷川在二战中与李香兰（山口淑子）共同出演过国策电影②。

小林还涉及动物园、游乐场、职业棒球领域。参与这些活动时民众都乘电车往返，无形中增加了铁路运营收入，可谓一举两得。说起来，当年阪急、南海、近铁、阪神这4家私铁公司，一度都在关西地区经营有职业棒球队及球场。

1967年，阪急电铁北千里站成为日本首个引进自动检票机的站点。研发出这项技术的是总部位于京都的欧姆龙中央研究所。欧姆龙还研发了银行ATM机、自动感应交通信号机等设备。

（2）准点运行与安全运营

日本铁路系统的第二个特征是准点运行以及安全行驶。日本铁路的准点运行标准非常严格，列车运行时间与时刻表相差不能超过1分钟。设定如此严苛标准的似乎只有日本，同一时期德国标准是5分钟以内，英国10分钟内，法国是14分钟内。20世纪90年代，日本普通铁路准点运行率为87%，新干线达到95%。相比国外，德国普通铁路为90%，英国城际通勤列车为

---

① 小菅桂子：《咖喱饭的诞生》，讲谈社，2002年。
② 1937年发动侵华战争后，日本加紧对电影界的控制，禁止拍摄社会批判倾向的影片而鼓励摄制所谓"国策电影"。——译者注

82%，法国超高速线TGV是91.8%，尽管这些国家的准点运行标准本来就比日本标准低得多，其准点运行率却与日本相当甚至不及日本。[①]

相较欧洲高速铁路，日本新干线停靠站点多，运载乘客人数也更多。德国人一向以严谨务实的商务风格闻名于世，据说德国铁路考察团了解日本铁路的准点运行率后也惊叹："简直是奇迹！"

新干线开通50余年间未发生1起交通死亡事故，而德国高速铁路ICE仅1998年就因脱轨事故造成101人死亡。2015年5月12日，美国国有铁路公司（Amtrak）的一辆列车行驶至宾夕法尼亚州境内时发生脱轨事故，造成人员伤亡。据美国联邦铁路局统计，仅2014年全美发生54起脱轨事故，包括遭列车撞击的人员在内，共计死亡226人。

那么，日本是如何实现长年准点运行与安全行驶的呢？这是铁路运行相关软硬件的完备、铁路员工高度责任意识与技能以及乘客文明乘车等多方面因素综合作用的结果。

硬件方面因素包括电气化机车投入使用，机车性能不断提高以及安装列车自动制动系统（ATS）、列车自动控制系统（ATC），软件方面则指实现复杂运行时刻表的及时调配和铁路运行系统的集中操控。无论哪条线路因事故等原因导致延误，都能迅速调整运行时刻，分散客流，采取适当的应对措施。由电脑管理、出售指定座位的车票，基本不会发生重复售票等现象。列车驾驶员、乘务员、线路维护人员、车辆维修员等从业人员专业意识强，工作质量也高。

提高铁路运行效率还须缩短各站点停靠时间。站台候车乘客整齐排成两列，腾出中间位置，方便到站乘客先下，使上、下车顺畅。列车驾驶员接受严格训练，确保将列车停靠在规定的范围内。如此，每天早上372万人得以顺利地从首都圈各处赶赴东京市区上学、上班。仅新宿站一个站点每天就运送乘客160万人。

若不遵守规矩排队上车，像东京这种大都市上下班高峰期极可能引发

---

① 三户祐子：《准点发车》，交通新闻社，2001年。

大混乱。从这个意义上说，铁路文化可以视为日本企业文化与社会文化的结合。

　　日本铁路准点运行率高，一向引以为傲。不过，2005年4月，JR西日本公司福知山线尼崎站发生列车脱轨事故，死亡107人。JR前身是国有铁路公司（国铁）。民营化改革后，JR追求效率与收益的资本主义倾向日益显现。过度提速，强求准点运行，这势必降低列车运行的安全性。

4. 经济泡沫的产生与破灭

（1）股票与不动产价格的上涨

1985年9月，西德、法、美、英、日五国财政部长签订《广场协议》干预外汇市场，日元对美元升值以解决美国贸易赤字困境，日本经济状况出现重大转折。协议声明发表时日元汇率尚处于1美元兑240日元的低位，1987年2月急升至1美元兑140日元的高点。日元快速升值将日本企业的产品出口置于严峻环境之下。这一点尤其清晰地体现在数量基础上。1988年进口额较1985年增长40%，而同期出口额几乎持平。其后，很多日本企业纷纷关闭国内工厂，进军亚洲为中心的海外市场。

《广场协议》签订后，日元急剧升值，抑制了出口，日本经济受到影响。为提振经济，日本银行下调利率，政府扩大财政开支，有效遏制了下行趋势。经济恢复后，公共投资、住宅投资需求高涨，对此，日本采取了宽松金融政策。

在此背景下，大量资本四处寻求更有利的投资渠道。1986年，国土厅发表公报，预测"东京临海区域写字楼需求量将暴增"，房地产、股票等投资因此被激活，日本地价与股价急升。

1986～1989年，日本六大城市的地价上涨一倍，东京证券交易所市场一部上市公司平均股价也翻番。土地、股票等价格持续成倍蹿涨的同时，与生活相关的商品价格却变化无几。批发价格指数从100减至98.2，稍显下跌苗头，居民消费价格指数（CPI）从100微增至103.1，近乎原地徘徊。

这种实体经济没有变化，而房地产、股票投机盛行的情况，被世间讽称为"泡沫经济"。

彼时，土地神话论大行其道，人们坚信地价绝不会下跌。回想起来，当时连在银行工作的朋友都好心劝笔者，还是买一点土地划算。笔者那时刚从海外回国不久，还未购房。但东京的房价已贵得离谱，小小工薪阶层根本买不起。

房地产业投机、做空，风险高涨，再加上炒高地价，制作虚假、夸大的广告，形象扫地。银行、证券公司、保险公司等金融机构不愿直接为其融资，还为此专门成立"住专"（住宅专门金融公司），通过"住专"向房地产公司融资，发放住房贷款。

主要的"住专"有八家，各家背后均有大型民营金融机构作后盾。例如，日本住宅金融株式会社是由樱花银行、朝日银行、大和银行、北海道拓殖银行、三和银行、三井信托银行、东洋信托银行、横滨银行、千叶银行等九家银行共同出资。日本住宅贷款株式会社由兴业银行、日本债券信用银行、大和证券、日兴证券、三一证券出资。住宅贷款服务株式会社背后有富士银行、三菱银行、住友银行、东海银行、樱花银行、朝日银行、第一劝业银行。

（2）经济泡沫的发生机制

日本经济泡沫膨胀过程与日本企业集团的交叉持股制密切相关。当时，日本国内存在以主办银行为中心的六大企业集团，分别为三菱集团、三井集团、住友集团、芙蓉集团、一劝集团与三和集团。如在当时的三菱集团中，以三菱银行为中心，还有三菱商事、东京海上火灾保险、三菱重工、三菱地所、日本邮船、三菱电机、三菱汽车、三菱材料、三菱化学、麒麟啤酒、旭硝子等大型企业，集团内部的这些企业相互持股。

企业集团内部的交叉持股制，在保障各企业经营平稳性上发挥了一定作用，但在泡沫经济时期，则产生了负面影响，具体如下所述。

譬如，某集团下属A公司所持不动产价格上涨，A公司资产产生"账面收益"（会计账面上的利益，并非实际发生的利益）。由于资产状况改善，A公司股票被大量买入，股价被抬高。随后，A公司以升值后的股份作担保，贷款购入新的不动产。同时，因同集团内的B公司持有A公司股份，B公司资产也产生"账面收益"，股价同样上涨。B公司也以增值后的股份作担保，贷款购入不动产。

如此，不动产价格与股价互为因果，交替上扬，出现了普通商品价格不变、唯独不动产和股票价格高涨的局面。

1989年当年，东交所市场一部上市公司的股东分布情况为：金融机构43.2%、企业法人24.1%、个人22.2%。这与美国个人股东占55.9%的情况形成鲜明对比。

如前所述，"账面收益"只存在于会计账面，并未产生现实利益，再加上用"账面收益"做担保获取贷款，这导致了不动产价格与股票价格的连锁上升，造成没有实体支撑的经济虚假繁荣，这就是所谓的泡沫经济。因此，一旦不动产以及股票价格开始下跌，就会立即发生下行的连锁反应。

不动产价格下跌带来企业"账面亏损"（即会计账面上的亏损），公司股价随之跌落。加之用作担保的不动产也同时贬值，贷款最终无法偿还，企业连锁性破产，这就是泡沫经济的破灭。

1995年6月，八家"住专"公司共计11.4万亿日元贷款，其中3/4无法收回。1996年7月，《住专处理法》颁布。以大型民营金融机构为后盾的八家住专公司全数破产。存款保险机构（指由日本政府、日本银行、民营金融机构共同出资成立的机构，在金融机构破产时施行存款赔付等措施）全额出资，新设立住宅金融债权管理机构，接收破产住专公司，负责回收不良债权。

部分经营者依靠不动产价格上涨，以及以此作担保获取贷款来急速扩张企业经营规模。SOGO百货店会长水岛广雄就是典型代表，他被称为"泡沫经济奇才"。

按照"水岛理论",开建新百货店之前首先购入周边土地。百货店开业后周边地价上涨,产生会计上的"账面收益",股价随之上扬。接下来,以升值的股票和开设的店面作担保重新申请贷款,在其他城市另建新店。

依靠地价升值带来的"账面收益"及贷款,水岛会长不断扩充门店数量。曾经的小百货店SOGO,1991年年销售额达1.2万亿日元,一跃成为日本最大的百货公司。鼎盛时期,SOGO在日本国内外门店数多达35家。不过,建立在"账面收益"和贷款基础上的扩张只是空中楼阁。2007年,SOGO破产,水岛的经营理论失败。

泡沫经济破灭及亚洲金融危机给日本造成了巨大影响。1997年,北海道拓殖银行和山一证券破产。拓银是北海道首屈一指的地方性银行,山一位居日本四大证券公司之列。在两家公司出现经营困境,管理薄弱时,美国投机资本对冲基金瞅准机会,在期货交易中大量抛售两家公司的股票,最终导致其破产。一旦被对冲基金盯上,就需要大量资金平抑股价,仅凭单家企业的微薄之力根本无法抵挡。

冷战后,20世纪90年代开始经济全球化进程。在此背景下,世界金融自由化趋势增强。日本金融业为了强化自身经营管理,被迫数次进行金融重组。

如今,日本形成三大集团鼎立的格局。这三大集团分别是三菱UFJ金融集团(由原三菱银行、东京系的三菱东京金融集团和原三和银行、东海系的UFJ银行合并而成)、三井住友金融集团(由住友银行系和原三井银行、太阳神户系的樱花银行合并而成)以及瑞穗金融集团(由原富士银行、第一劝业银行、兴业银行系合并而成)。

泡沫经济破灭后,日本自杀人数增至每年逾3万人。

今后,日本社会该何去何从呢?在此,希望日本政府和企业能够铭记过去的经验教训,好好思索应走的路。

第 **4** 章

企业和地方的智慧与愿景

1. 成就日本战后经济发展的企业制度与企业文化

前两章从社会经济角度探讨了日本实现经济发展的主要原因，以及日式资本主义的特征。本章将聚焦经济发展的生力军——企业。

如图表4-1所示，企业经营的基础是由员工组成的公司组织结构以及规章制度。经营管理学教科书称之为企业制度。第三章中提到的终身雇佣、工龄工资、企业内工会等也是企业制度的重要组成部分。当然，再优秀的人才、组织、规章制度，如果不能物尽其用，不与企业实际运营挂钩，也无法创造出应有价值。因而需要某种媒介将企业制度与经营实践联系起来，以便企业经营的顺利开展。

图表 4-1　企业制度和企业文化

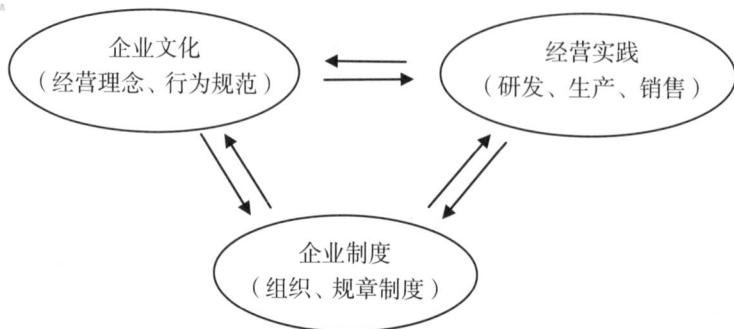

这一媒介便是企业文化，即"公司员工共有的价值观、思维模式、行为规范"。企业制度并非一成不变，企业文化也一样，必须随着时代和市场环境变化，进行小幅修正甚至巨大变革。企业组织与规章制度、企业文化、经营实践，这三大企业经营要素相互依存，若其中之一发生变化，则其他两项也必须随之改变。

（1）企业经营中的"一家主义"[①]

若问什么样的企业制度和企业文化造就了日本战后经济腾飞，笔者认为是企业经营中的"一家主义"。

前面提到的终身雇佣、工龄工资、企业内工会，也是为了在雇佣和薪酬层面提高员工对企业的归属感。在企业经营"一家主义"的指导下，员工对自己身为企业的"家庭一员"充满自豪，团结一致，努力进取，谋求"自家"企业的持续发展。

连接日本本州和北海道的青函隧道全长54公里，是世界第二长的铁路隧道。排名第一的是瑞士圣哥达基础隧道，全长56.3公里，2015年8月竣工，2016年6月举行通车典礼，2016年12月11日开始普通商业运营。青函隧道施工难度极大，从1964年开工到1973年完工，建设工期长达10年，1988年正式投入运营。如此长的时间跨度，巨额的建设费用，再加上施工难度极高，工人们几乎是冒着生命危险投入工作，最后能够圆满完成全凭"国铁员工一家亲"理念造就的自豪感和凝聚力。

松下电器（现Panasonic）创始人松下幸之助，一直将公司员工与松下销售门店视为家庭成员。曾有松下专卖店负责人从地方到大阪出差时受邀留宿幸之助私宅。据说幸之助夫人还亲自为他们清洗贴身衣物。这些人必定深受感动，肯定会努力销售松下产品作为报答。"销售之王松下"这一名号绝非

---

① 　是指日本企业在经营管理中引入了"家"这一具有温情主义的概念，并以"家"的理念为基础，组织企业的各项运营。企业经营者将员工视为家庭成员，温情地对待他们。员工则相应地为了企业经营的目标而竭尽全力，忠诚地做贡献。这种以"家"的组织理念为基础的集体主义使得员工具有非常高的奉献精神和勤劳意愿。——译者注

凭空而来。

不止松下，日本大企业通常都会全方位负责员工生活。员工食堂和公司宿舍自不必说，员工去世时也由公司出面操办葬礼，称为"社葬"，还有公司修造"社墓"①。类似爱知县丰田市（丰田公司）、茨城县日立市（日立公司）、大孤府门真市（松下公司）、福冈县久留米市（普利司通公司）这种，由一家企业支撑起当地经济的"企业城"也不鲜见。

东京郊外有一个名为"东久留米市"的地方，该地名正是源自创业于九州福冈县久留米市的轮胎制造商普利司通公司来此地新开了工厂。

选举时，有时会出现整个企业集体声援某个候选人的情况——"企业组团选举"。当然，走到这个极端的话，就有违反民主主义理念之嫌了，公司员工的人权和隐私也无从谈起。以犀利著称的评论家佐高信曾讽刺说"到这个地步，员工就成了'社畜'②"。

企业为了让每名员工产生身为企业一员的自觉，组织纪律十分严明，还有一些不成文的规定。比如员工几乎每天都得"义务加班"且无加班费可拿；早会上要唱"社歌"，轮流上台讲话；女员工必须提前30分钟到岗，擦拭全部办公桌并装饰花瓶，还要给男员工沏好茶水。

工厂工人和女员工配备专门制服。西装革履的公司行政人员必须佩戴"社徽"③，工作时间乃至下班后部门聚会时都不能取下。看到徽章就大概能知道是哪家公司的员工。大型企业的员工会因佩戴公司徽章而倍感自豪。运动会、员工旅行等集体活动也都是员工全员参加，有时还要求携带家属。

（2）现场主义和事先磋商

刚入职的新员工，最初的6个月试用期要参加公司研修，接受严格培训。研修项目之一就是深入基层，到一线进行现场研修。制造业的去工厂，

---

① 即企业集团墓地。——译者注
② 像牲畜一样为公司服务的员工。——译者注
③ 即公司徽章。——译者注

百货商店及超市的下到卖场，铁路系统的参与检票或在客流高峰时段值守站台以推乘客进车厢，石油企业新员工则到加油站为车辆加油。以储备干部身份入职的名牌院校毕业生也不例外。

在这个阶段，企业会淘汰那些没有毅力、叫苦叫累、偷懒掉队的新人，当然也有少数新人不认同公司强迫所有新员工下基层的做法，主动离职，而后成功创业。

赴日海外研修生和留学生中，有人对日本职场的这种现场研修传统提出质疑：企业高薪雇用储备干部，却要将这些拥有专业知识、技术的人才送到工厂、卖场从事体力劳动，这纯属人才浪费。

但是，日本企业的"现场主义""服务至上"等理念，唯有与工作现场的一线员工一起摸爬滚打、心灵相通后才能根植于心。干部们走上管理岗位后，曾经的基层经历将有助于他们顺利闯过工作难关。日本企业坚持认为，没有在一线打过杂、流过汗的人是不能任用的。

日本企业在业务流程和决策过程方面也有其独特机制。如前所述，员工升任科长以上职位后必须退出工会，作为中层管理者进入工会对立面的经营管理阵营。公司决策以文件形式下达，工作上的请示、审批必须按照普通职员、系长、科长、次长、部长、常务（董事）、专务（董事）、总经理的顺序逐层进行。另外，在会议上讨论重要事项时，需要提前知会相关人员，这称为"事先磋商"。如果未预先沟通，会有人抱怨"这件事我没听说过。"。

日本企业内部重视上下级关系，这也与日本社会整体氛围有关。同一所高中、同一所大学毕业的前、后辈，或者同乡之间能很快拉近距离。

每年春、秋两季开赛的甲子园高中棒球联赛得到全日本的关注，NHK及各家民营电视台都争相直播。各都道府县也高度重视这个在外国人眼里小小的高中生体育大会，希望通过比赛激起地方主义，培育地方集体荣誉感。与职业棒球联赛不同，甲子园棒球联赛采取淘汰赛制，高中生的认真、专注可见一斑。

高中棒球队的教练大多颇具人格魅力，打造团队所费心血绝不亚于经营一家公司。包括候补队员在内的全体队员拧成一股绳，按照教练的指令行动。毕业于金泽星稜高中，后在美国职业棒球大联盟参赛并大显身手的松井秀喜是个颇具实力的优秀投手。但是当年松井代表星稜高中在甲子园的单场比赛中，五打席全部遭到对方故意投出四坏球（敬远球）被保送上垒，最终输掉了比赛，就是其对手——来自德岛的明德义塾高中投手遵照教练战术安排而造成的。

在棒球队，哪怕一名队员深陷丑闻，整个球队都会因连带责任遭禁赛，甚至失去联赛预选赛的参赛资格。高中棒球赛是了解日本社会地域性和日本人心理的一个绝好窗口。

高中棒球队的前辈为了让后辈迅速成长，有时会严加训斥，有时会暖心鼓励。在日本企业内部，上、下级关系也同样紧密。工作结束后会一起去小酒馆喝几杯。酒足饭饱后，以前会再去打几圈麻将，最近多是唱几轮卡拉OK。

过去，类似高尔夫球费、餐饮费都可以按公关经费由公司报销。赤坂的日料馆或是银座的俱乐部①的天价账单常常让人目瞪口呆，正因为由公司公费支付，很多普通白领才能出入这些场所。

如今，企业社会责任（CSR）这一概念被世界上越来越多的企业所熟知。企业规模越大，对社会的影响力也就越大。企业不仅对股东负责，还必须顾及客户、企业员工、合作伙伴、驻地居民等相关利益者（stakeholder）的利益。

CSR得到广泛讨论是20世纪70年代美国消费者运动兴起以后的事，而在此之前日本就已存在类似的经营哲学。例如，近江商人"三方共赢"（卖方、买方、社会三方获益）的经商法，就是告诉人们要顾全制造方、销售商店、顾客、买卖伙伴、地区社会等各方利益。

马克思·韦伯（Max Weber）在《新教伦理与资本主义精神》（1904年）一书中认为，勤俭节约的劳动、生活态度对于资本主义生产的发展至关重要。从这点上来说，当年日本制造业已具备进行资本主义经营的条件。

---

① 这两处均为东京高档消费场所聚集地。——译者注

2. 日式经营管理的缺点

上一节里，我们重点关注了日式经营管理的长处。本节将阐述其缺点，具体体现在过于重视和谐与合作，容易因循守旧以及在制度革新、果敢行动方面略显消极。

日本软脑集团（Softbrain）创始人宋文洲是留学日本的中国人，后在日本创业成功。据宋说，日企管理层在面对一项提案时，不是经由个人判断，而是倾向于依据先例的有无来决定是否采纳。另外，日企营销多采用销售员组对拜访客户的方式。以宋的话来说，这样很没效率。当然，个人分头拜访客户确实更高效，但不可否认，日式营销也有老员工现场带新手的优点。

举一个因日式经营管理缺点而陷入困境的企业例子。

日产公司在20世纪60～70年代号称"技术日产"，与"营销丰田"的丰田公司合称"日本汽车产业双璧"。然而日本泡沫经济破灭后，日产于1999年濒临破产，后与法国雷诺公司合作成立雷诺—日产汽车联盟，雷诺成为其第一大股东。从雷诺空降的COO（首席运营官）卡洛斯·戈恩（Carlos Ghosn）推行大规模裁员，在企业管理上引入"成果主义"，力图重振日产雄风。因其业绩卓著，戈恩后被提拔为CEO。

为何日产会败给丰田以至与雷诺联盟呢？有以下几点原因。

第一，丰田奉行"消费者第一、销售门店第二、工厂第三"的经营理念，构筑起强大的销售网络，注重营销。相比之下，日产在回应顾客需求和销售能力上远不及丰田。

第二，面对国内销售下滑的局面，日产未采取任何应对措施就急于进军海外市场。

第三，日产在泡沫经济时期扩充生产设备，甚至还参与房地产投机。

此外，日产与雷诺联盟前存在以下七个经营管理方面的问题。[1]

①部门间条块分割意识强烈，研发、生产、销售等各部门之间欠缺沟通。

②设备和劳动力过剩。

③与零部件生产供应商之间缺乏购销上的市场竞争。

④海外事业开展前期准备不足，方式、方法拙劣。

⑤企业内部价值观同质化，欠缺多元性。

⑥资金周转依赖主办银行融资。

⑦重技术，轻品牌建设。

无论什么组织，一旦满足于现状，懒于创新，内部缺乏切磋、磨合，就会生出官僚主义弊端。要保持组织活力，就需要从外部输入带有其他文化特性的新鲜血液。从这个意义上说，如果不是戈恩掌权，针对日产的大手术恐就无法顺利实施。

最近几年，三菱汽车接连出现品质不良、油耗数据造假等问题，2016年陷入经营困境后，被戈恩领导的日产收入旗下。堂堂三菱集团最终也没能在内部成功解救三菱汽车。三菱汽车的经营危机，正是其坐守三菱集团的品牌效益，不思进取而酿成的恶果。

2016年，雷诺—日产汽车联盟CEO戈恩出任三菱汽车董事长。雷诺—日产—三菱联盟的销量达到1000万辆的规模，与丰田、大众（德）、通用（美）这三大汽车厂商并驾齐驱。

---

[1]　日经商业：《戈恩挑战的七大病灶》，日经BP社，2000年。

3. 日式经营管理的变迁

泡沫经济破灭后，日本国内对传统日式经营管理的信心发生了动摇。前文提到，法国雷诺空降的卡洛斯·戈恩在日产推行大规模裁员，引入"成果主义"，进行了大刀阔斧的改革。戈恩式管理一时风靡日本。不过，在奉行"成果主义"的机制下，日产工厂内部员工关系变得紧张，互帮互助的友好氛围不复存在，负面效应开始显现。

根据2015年3月份的财务结算，CEO戈恩一年的薪酬达10.35亿日元，在日本经营管理者中独占鳌头，是普通员工平均年收入的133倍。同期，丰田公司社长丰田章男的年薪为3.51亿日元，位列第十，是普通员工的42倍。[①]丰田的汽车销量在世界上数一数二，但对其社长的薪酬却有所限制。

前文提到，三菱汽车被日产收入旗下。2015年，三菱汽车给10位董事发放的薪酬共计4.2亿日元，且没有一人的收入超过1亿日元。2016年戈恩就任三菱汽车董事长后，三菱汽车将董事会成员薪酬的上限大幅提高，从每年的9.6亿日元调整至30亿日元。薪酬上限的变动不可谓不大。

2015年，戈恩作为董事从雷诺获得8亿日元、从日产获得10亿日元的薪酬。作为雷诺公司最大股东的法国政府也批评戈恩的薪酬过高，但戈恩还要在此基础上再收取三菱汽车方面的薪酬。戈恩或许称得上国际顶级的企业经

---

① 根据东京商工调研公司的调查结果。

营者，但作为一家进行了大规模裁员的企业的总经理，薪酬是不是有点过多了呢？

不可否认，与雷诺联盟前，日产过于强调和谐与合作，以致无法甩开关联企业的经营包袱，惯循先例难以创新，问题重重。但是，过度依赖"成果主义"与减员增效，容易破坏员工之间的信赖关系，同样也会阻碍企业的整体发展。

欧美管理学界也有认同日式经营管理长处的学者。

彼得·德鲁克（Peter Ferdinand Drucker），著名的管理学泰斗，其管理理论之精髓付诸实践是在日本而非美国。

1947年，通用汽车公司（GM）委托彼得·德鲁克开展美国历史上第一次员工意识调查。2/3的GM员工约30万人参与了这次征文形式的调查，就改善经营管理提出建议。对此，"全美汽车工人联合会"（UAW）表示抗议，指责其"居然让普通员工来肩负经营责任"。德鲁克的职场改善计划（即一种质量管理小组）因此搁浅。

德鲁克心中的理想企业是"由负责任的劳动者所运营的自治性工厂共同体"，贯彻他的信念需要员工追求与工厂、产品的一体感及责任感。德鲁克的职场改善计划虽然在通用公司遇挫，但其后，丰田公司在终身雇佣制与劳资合作政策的保障下奖励员工对公司运营提出的合理化建议，德鲁克计划以另一种形式复活。[①]

美国管理学者詹姆斯·阿贝格林（James Christian Abegglen）对日式经营管理的优点表达了类似看法，认为"日本企业现今仍是一种社会的组织，并非单纯追求利润的机器"[②]。他指出这其中最重要的"不是赤裸裸的个人主义，而是对组织的归属感（即一种终身关系，英文为lifetime commitment）"。早在1958年，阿贝格林著述的《日式经营》[③]一书就因

---

① "我的履历书"，《日本经济新闻》，2005年2月23日。
② 《日本经济新闻》，2005年3月4日。
③ 原著英文名为*The Japanese Factory*，1958年出版，同年日本钻石社出版其日文版，书名为《日本の経営》，占部都美监译。——译者注

介绍日式经营管理而为世人所熟悉。2004年，阿贝格林新著《新·日式经营》[1]由日本经济新闻社出版发行。

经济泡沫破灭后，日式经营管理一度看似一无是处，但其本身的优点其实并未消失。德鲁克、阿贝格林等人指出的优质的企业文化，如对企业怀有归属感，上下齐心共谋企业生存发展，为企业经营管理及产品品质改良建言献策，等等，从原则上都得到了继承。同时日本企业也在全力克服20世纪60年代经济高速增长期间凸显的缺点，如过度追求"关联企业同生共荣""企业内思想同步"等，探索并形成崭新的日式经营管理模式。

图表4-2列出了日式经营管理三个阶段的变迁及各阶段特点。这三个阶段分别是：从经济高速增长期到稳定发展期采用的传统日式经营管理体系、泡沫经济破灭后受美式资本主义影响而引进的减员增效式经营管理、现今的新型日式经营管理体系。

相较传统体系而言，现阶段的日式经营管理更重视能力，更加兼容并蓄。

在企业目的上，舍弃了只考虑股东、企业经营者、员工、合作伙伴等人员利益的传统做法，引入内涵更为丰富的"相关利益者（stakeholder）"概念，将消费者和驻地居民的利益也纳入考量。[2]在合作伙伴间的关系上，以前重视通过高额购买零部件来建立安稳、固定的贸易关系，现在开始缩减关联企业，引入竞争供货机制。在生产过程方面，从原有的少品种、大批量的流水线生产转向多品种、小批量的小组作业方式（即由一人或数人，在一个工位负责组装、加工直至做出成品，完成整套工序的生产方式）。

---

[1]　原著英文名为 *21st Century Japanese Management: New Systems, Lasting Values*，2004年12月日本经济新闻社出版其日文版，书名为《新·日本の経営》，山冈洋一译。 2006年Palgrave Macmillan出版其英文版。——译者注

[2]　罗纳德·多尔：《企业为谁而在》，岩波书店，2006年。

图表 4-2　日式经营管理的变迁

	传统日式 经营管理体系	减员增效式 经营管理	新型日式 经营管理体系
①企业目的	股东、企业经营者、员工、合作伙伴组成的利益共同体	将股东利益最大化的组织	顾及股东、企业经营者、员工与消费者、驻地居民各方利益的组织
②原材料、零部件供应商	关联企业	竞争性供货机制	缩减关联企业
③生产过程分工	垂直分工	水平分工，裁员和劳动组合优化	核心零部件自主生产的垂直一体化生产方式，各小组多品种、少批量生产
④组织运营、行动方式	金字塔形组织，通过既定流程，由事业部下达命令	项目团队负责制①，追求短期利益	具有通融性的团队运营方式，追求长期稳定的利益
⑤雇用	正式且终身雇用	小部分正式雇用，大部分临时雇用	有能力者终身雇用，用人形式多样化
⑥企业会计	账面价值会计，总公司与子公司分开决算	当日市价会计，合并决算与合并纳税	当日市价会计，合并决算与合并纳税
⑦资金筹措	银行贷款	自有资本比率上升，ROE（股本回报率）上升	从金融市场筹措资金，ROE上升
⑧企业经营者	由部下拥戴上位的经营管理者	领袖型经营管理者	从下属提案中发掘优质建议和人才的企业经营管理者
⑨公司治理	丑闻被掩盖在公司内部，董事会成员均来自公司内部，社会贡献	信息公开，部分董事来自公司外部，企业社会责任（CSR）	信息公开，部分董事来自公司外部，企业社会责任（CSR）

（表格来源）笔者自制

　　雇佣和薪酬体系方面，在保持原有终身雇佣制和工龄工资体系的同时开始注重能力，用人形式更加多样。虽然非正式雇用的情况因此增加，但也出现了专职工作兼职化、弹性时间工作制等工作分摊制（work sharing）的新动

---

① 指针对某职员所提出的项目方案，只要对此持赞同意见的职员人数达到一定数量时，该项目方案即可成立的一种企业团队经营方式。——译者注

向。相较靠裁员实现人才优化而言，长期雇用更有利于继承日式经营的管理精髓——发挥企业自身组织优势、培育员工，实现企业的发展。[①]

企业会计方面，从账面价值会计以及总公司与子公司分开决算的方式转变为当日市价会计及合并决算方式。可以说会计制度上引进了美式的国际通行标准。

对企业经营者的要求也出现了变化。以前多为部下拥戴上位，和谐优先型管理居多，现在需要经营管理者更积极主动地从下属的提案中发掘优质的建议。

在公司治理上，要求企业公开信息的呼声越来越大，是否履行社会责任（CSR）对企业形象的影响也日益增大。

2015年9月，大众公司在柴油车中安装非法软件，专门应付美国的汽车尾气排放监测，这一造假行为遭到曝光。资本主义企业以追求利润为目的，常常隐瞒企业内部的不正当行为或丑闻，嫌恶告密、揭发之举。但是，从企业长期发展的角度来看，营造出能虚心接受内部批评意见的企业文化氛围其实非常重要。

本节中，我们探讨了日式经营管理应努力变革的方向，但大部分日本企业并没有克服日式经营管理的缺点。

本部设在大阪的非营利组织（NPO）太平洋人才交流中心（PREX），接纳来自亚太地区发展中国家的行政职员或企业管理者进修学习，还派遣讲师赴海外提供培训服务。1990～2016年，共计接纳赴日进修人员6419名，海外培训学员10592名。

2016年12月，太平洋人才交流中心举办"亚洲研讨会"，来自东南亚8个国家的11名经济团体干部参会。对于日式经营管理的不足，他们在会上提出了如下看法：[②]

---

① 小河原直树：《致破坏日本优势的经营管理者们》，First Press，2011年。
② 龟田奈绪子："今日，日本不足之处"，《PREX NOW》第241号，2017年。

柬埔寨某消费品销售公司部长说："在日本的企业文化中，决策过程是否耗时过长呢？一直等待到尽善尽美，这点真的很让人讨厌。职业训练非常重要，希望能以人事交流项目或实习的形式，提供OJT①的机会。"

泰国工业联盟副会长说："希望日本认识到东盟（ASEAN）的周边环境已发生了巨大变化。消费者越来越倾向于选择韩国商品而非'日本制造'，日本有必要重新调整战略，加强创新。在Wi-Fi、电子商务方面，日本也已落后于中国。日本企业没有提供相关服务方便东盟消费者直接从日本国内购入商品。"

缅甸某贸易业经理说："曾和我们长期合作的（日本）企业，因为价格高以及决策速度慢等原因，现在已被中国企业所取代。日本的强项——重视人才培养、勤勉等企业文化——在我国正逐渐褪去光环。"

不得不说，日本企业的经营改革还前路漫漫。日本企业尚有许多需要向中、韩、东盟诸国企业学习的地方。

---

① On-the-Job Training 的缩写，即在工作现场，通过日常工作，由上级对下属，或老员工对新员工进行必要工作知识、技能、方法等指导及教育的一种培训方式。——译者注

4. 日本经营管理者的创新与志向

（1）成就战后经济高速增长的管理者

企业的经营管理者对日本二战后经济快速发展起到了巨大的作用。

笔者最想介绍给年轻读者的日本管理者是夏普公司创始人早川德次。

德次出生于贫苦家庭，幼年时出继为养子。由于遭到养母虐待，童年生活悲惨。濒临饿死之际，德次被东京的一个首饰匠（即用金属制作簪子等物品的手工艺者）收留，进小作坊当了学徒。首饰匠师傅手艺高超，非常疼爱德次，并把他培养成一名合格的匠人。我们日常使用得很方便的自动铅笔（1915年）、能自由调节皮带长度的皮带扣（1912年）都是德次发明的。

从师傅身边独立后，德次结婚生子，生活一帆风顺。1923年关东大地震，德次遭遇人生拐点。地震中，妻子和两个年幼的孩子不幸殒命，本就跌入人生谷底的德次自己也被大阪某合作伙伴欺骗，欠下巨债。为偿还负债，他被迫迁居大阪，在欺骗方的工厂负责订单生产。后来的夏普公司虽将总部设在关西但从不自称关西企业，背后就有这一隐情。

德次将"诚意与创新"作为毕生经营理念，带领夏普发展壮大。坚持创意优先的夏普公司被人们尊为"超前电器"，这与松下电器被揶揄为"效仿电器"形成鲜明对比。松下是依靠将其他公司研发的技术标准化而获得成功的。

1949年经济不景气，据说德次曾因不得不裁员而苦恼多时。其后，一俟经营情况好转，便第一时间重新召回解雇的员工[1]，足见其诚意。

德次深刻认识到社会福利的重要性，不但长期担任大阪身体障碍者协议会会长，还设立育德园福利法人，亲任理事长，为福利事业尽心竭力。

基督教传道者、社会运动家、CO-OP神户[2]的创立者贺川丰彦与德次是故交。1950年，夏普特选工业株式会社在大阪市阿倍野区成立，这是夏普为促进残障人士就业而设立的特别子公司。至今这家工厂仍在运转，2014年末员工数101人，其中57人为残障人士。

为提高液晶面板产量，夏普将大笔资金投入大阪堺市工厂，未料液晶电视销售低迷导致资金周转出现问题，同时夏普近年管理层内部人事纷争不断，以致经营状况恶化时未能迅速应对。最终，2016年夏，陷入经营危机的夏普被中国台湾鸿海精密工业股份有限公司收购。

鸿海创始人郭台铭是白手起家的企业家，倡导"血尿哲学"（勤奋工作，直至尿血）。郭台铭集团旗下的电子零部件子公司富士康在中国各地设厂，雇员超过100万人。2009～2010年，富士康深圳工厂13名员工相继自杀，鸿海的劳务管理、员工福利问题一时饱受非议。

郭台铭任命戴正吴为夏普总经理，着手进行企业改革。戴正吴的夏普改革方针有四：①言出必行，②信赏必罚（设立管理岗位降级制度、总经理特别奖），③成本意识（关闭广岛的三原工厂，管理知识产权，物流业务外包，降低原材料购入价格），④复兴夏普品牌。

在此方针下，夏普在中国深圳设立家电研发中心，重新购回欧洲市场的电视机销售权。2016年下半年，夏普成功扭亏转盈。虽然前景还存在不明朗的地方，但如能在"诚意与创新"的传统上加入鸿海的活力，夏普完全有望成为新的亚洲企业典范。

我想介绍的第二个代表性人物是松下幸之助。

---

[1]　平野隆彰：《创建夏普的男人 早川德次传》，日经BP社，2004年。

[2]　"CO-OP神户"前身是1921年成立于日本神户地区的"滩购买组合"与"神户消费组合"，现已发展成为会员人数过百万的消费合作社。——译者注

1917年，后来被尊为"经营之神"的松下幸之助创办了松下电器（现Panasonic）。企业成立之初只是一家小小的电机零部件工厂，员工只有幸之助及其妻子、妻弟三人。妻弟井植岁男，1947年离开松下创建三洋电机。

幸之助推崇家族式管理，非常重视培养员工。他告诉员工，如果客户问起松下是制造什么的公司，首先要回答"制造人"。他致力于劳资合作，松下公司的工会大会一定出席并亲自致辞。

二战结束后，松下被美国驻日盟军总司令（GHQ）认定为财阀家族，全部财产遭没收。二战后经济高速增长时期，借由家电产品的标准化以及大批量生产销售，松下重获新生，取得巨大发展。幸之助认为人们之所以能以低廉的价格得到饮用水是由于饮用水供给充足，他将电器产品大量普及至各个家庭视为松下的使命，并将这一理念灌输给员工。可以说，幸之助的"自来水哲学"完美契合了经济高速增长期的时代要求。

1952年，松下与荷兰飞利浦公司进行合资谈判时，幸之助提出向荷方收取经营指导费，可见他对自己的经营管理自信十足。[1]

经济快速发展时期日式经营管理的第三个代表性人物，我想列举的是土光敏夫，他是一位艰苦奋斗、率先垂范型经营管理者。

1950年，土光就任石川岛重工业社长，成功带领公司走出经营窘境。由于业绩得到东芝认可，1965年土光被当时经营不善的东芝公司聘为总经理。土光对前任总经理乘用豪华进口车的做法十分不满，自己坚持乘坐地铁上下班。

土光激励东芝员工激情投入工作，说"你们要用三倍于以前的劲头工作，管理人员得十倍，我自己则要更卖力"，并躬身践行诺言，当好表率。他深入全国各分公司调查巡视，在冈山工厂冒雨面向全体员工演讲。如此高强度的工作，员工当然没法忍受。正是总经理以身作则，示范先行，下属们才坚持得下来。

---

① 松下幸之助：《松下幸之助 培育梦想 我的履历书》，日本经济新闻出版社，2001年。

土光讨厌宴会，喜欢节俭的生活。某次介绍起自家的餐桌菜肴，当日做的是咸沙丁鱼干串，"鱼串土光"的诨名由此传开。当然他的饮食应该也不会总是如此简朴。

土光喜欢在自家院子侍弄家庭菜园，头包毛巾，剪枝整叶的技术相当专业，还曾被路过的行人误认作园艺工人。①

土光曾任经团联②会长，还以政府税制调查会会长的身份为税制改革做出贡献。与同龄老乡冈崎嘉平太一起赴华旅行时，为表示自己对冈崎为中日友好所做贡献的钦佩，土光每次都请冈崎坐在上座。③

引领日本经济快速发展的第四个经营管理者代表人物，笔者想列举本田公司创始人本田宗一郎。宗一郎毕生从事技术工作，在本田跻身世界级企业后，仍坚持"现场主义"，时常下工厂。

宗一郎小学毕业即到东京市区一家工厂当学徒，刚开始不被允许接触机器，只负责照顾师傅的孩子。二战后的1946年，宗一郎自立门户，创办工厂，生产纺织机械，两年后涉足摩托车生产。

本田摩托获得国际市场高度认可后，宗一郎并未停止前进的脚步，20世纪60年代起踏足汽车产业。当时的监管机构通产省着力推行丰田、日产、马自达、富士重工四家公司垄断体制，以保护性培育日本汽车产业。本田不顾通产省的反对毅然进入汽车产业，终于成就今日汽车界世界级品牌。

本田声名鹊起于1973年成功研发CVCC发动机。1970年，美国通过《马斯基法案》，要求在1975年前将汽车尾气所含污染物水平降至当时通行标准的1/10。就在美国以及其他世界知名汽车厂商为达不到《马斯基法案》的苛刻标准而挠头之时，本田研发的CVCC发动机率先通过法案标准检测，轰动世界。美国大型汽车厂商福特和克莱斯勒均提出与本田进行技术合作。

宗一郎兴奋地鼓励员工："这是超越美国三大汽车厂商的千载一遇的机

① 志村嘉一郎：《土光敏夫留给21世纪的遗产》，文春文库，1991年。
② 经济团体联合会的略称。1946年成立。作为各种经济团体的联络机构，经团联收集财界意见，向政府和国会提出建议。——译者注
③ 田川五郎："构筑战后日本的男人们"，《THIS IS 读卖》，1994年11月临时增刊号。

会。"然而，据说一名技术人员答道："我们开发CVCC发动机不是为了公司，而是为了社会。"此话让人无从辩驳。理输一筹的宗一郎于8个月后退休，时年66岁。宗一郎引退的方式非常干脆、彻底，既没传位给后代子孙，也没为自己铸立铜像。①

2013年故世的著名专栏作家天野祐吉曾在"CM天气图"②中介绍了一则本田的CM（广告）：

奋斗就会有回报，坚持就能实现梦想，这不过是幻想。努力通常会打水漂，正义一般无法获胜，梦想从来难以实现……但，那又怎样？起点就在那里！尝试新事物必定失败，这让人恼怒。正因如此，更加叫人废寝忘食，反复尝试。来吧，一起超越昨天的自己！

在这则广告中，天野感受到了抵制强行重启核电的人们那股不服输的精神。

2015年4月，本田制造出可乘坐7人的小型喷气式飞机。研制日本国产的飞机也是已故本田宗一郎的梦想。自1986年着手研究开始，共花费了29年的光阴。本田飞机每架售价450万美元（合5.4亿日元），订单现已超过100架。唯一遗憾的是，生产飞机的工厂不在日本而在美国。

诸位是否觉得，本田"追求梦想"的企业文化得到了完美传承呢？

（2）注重创新和实力主义的经营者

前文介绍了成就日本经济快速发展的数位经营管理者。无论优劣成败，他们都是日式经营管理的代表，其经营哲学与为人之道至今仍为日本的经营者所继承。

---

① 城山三郎等：《本田宗一郎——他的人心收买术》，PRESIDENT社，2007年。
池田政次郎：《本田宗一郎的人生——没有终点的跑道》，东洋经济新报社，1991年。
② 《朝日新闻》，2012年4月11日。

经济绝非死水，会与时俱进。伴随经济发展，人均GDP提高，GDP中第三产业所占份额必然加大，信息知识、创新发明的价值也随之凸显。此外，经济全球化加剧了国际市场的竞争，这就需要更为高效的经营管理。

现代经营者继承传统日式经营管理长处的同时，注重创新与能力，开拓出一个崭新的时代。以下将介绍五位代表性人物。

第一位代表性人物是日本黑猫大和公司的小仓昌男，他着力发展个人快递（即"宅配便"）服务，投递包裹到家到户，成就了宏大的事业。

20世纪70年代，人们生活日益富裕，个人需求更加多元。小仓准确捕捉到日本经济的这一变化，成功开拓了个人快递业务。

日本一直以来就有夏送"中元"、冬赠"岁暮"的送礼习俗，平日里与邻居、亲戚之间也有互赠礼品的文化传统，给在外地求学的孩子或长期异地工作的丈夫寄送食物衣服的需求也很旺盛。这种传统习俗与生活水平提高的因素叠加，为个人快递业务的急速发展提供了有利土壤。

1971年，小仓继承家业时，大和公司主要为百货商店和工厂进行商业货物的大批量运输。为解决公司赤字问题，小仓下决心把业务从商业货物运输全面转向个人快递领域。

本书第三章曾经提及，小仓的这一决定遭到董事会全体成员的反对，但得到了工会支持，因为身处工作第一线的工会会员们对公司事业规模日趋缩小的严峻现实有切身体会。小仓在管理中尤其重视工会也与此有关。

当时，个人快递服务主要以国营的邮政包裹为主。1976年，邮政包裹业务量达1.8亿个，而民营的个人快递业务只有区区170万个。小仓凭借创新和实干打开了这一劣势局面。也正因此，小仓坚持"创新乃企业家之本"。

1998年，局势出现大逆转，黑猫大和的"宅急便"业务量达7.8亿个（占市场份额37%），日通的"鹈鹕便"业务量3.6亿个（占市场份额17%），邮政包裹则缩小到3.2亿个（占市场份额15%）。与邮局受理包裹的16万个网点相比，"宅急便"联合酒水店、电器店、便利店，成功将营业网点扩展到29.7万个。

　　最初，小仓对物流司机的要求是"安全第一，利润第二"，全面实现安全运输后更改为"服务第一，利润第二"，还提醒员工无论何时都不要落入利益至上主义的陷阱。

　　小仓在员工雇用方面制订了极具特色的方针，积极雇用残障人士及女性。包裹分类和搬运之类的作业看似不适合残疾人，却收到意外效果——普通员工被残疾同事努力工作的样子触动，工作效率大幅提高。

　　从董事长位上退下后，小仓投身社会福利事业。彼时，福利事业工厂因为依靠政府扶助金经营，只能支付残障人士极低的津贴。了解情况后，小仓创立大和福祉财团，以企业经营者的视角来经营福利事业。

　　小仓开设了"天鹅"面包坊，雇用残障人士，请来专业师傅传授技艺，还面向公司、政府部门开展送货上门的服务。当时残疾人在其他的福利工厂每个月只能领到1万日元津贴，而在面包坊却能拿到每月10万日元的薪水。残疾员工在正常的市场经营模式下通过劳动获取相应报酬，不仅感受到自己工作的价值，生活上也更开朗积极了。[①]

　　第二位新型经营者代表是樋口广太郎，他成功重振了朝日啤酒公司。

　　1961年，樋口从主办银行住友银行调任朝日啤酒公司社长。彼时，啤酒行业由四大巨头（麒麟、札幌、三得利、朝日）垄断市场，朝日甘居其中最末。零售酒水铺的朝日啤酒常常无法及时售完，导致啤酒的味道、鲜度下降，进而影响下一步销售，陷入一种恶性循环。

　　樋口就任后，雇用2000名家庭主妇到各地酒水铺调查、访问。在了解到朝日啤酒由于滞销导致库存积压，味道和鲜度的下降又进一步影响销售的情况后，樋口果断下令废弃全部库存，旧货置换新货的同时努力提高酒水品质。1987年，畅销产品"超爽"研发上市，朝日成功赶超老牌劲旅三菱集团的麒麟啤酒，跃身业界第一。樋口广太郎经营管理的特点在于全面回应了市场需求。

---

① 　建野友保：《小仓昌男的福利革命——残障人士摆脱"月入1万日元"的命运》，小学馆，2001年。

　　第三位新时代的日式经营代表人物是大和住宅建筑工业公司的樋口武男，一位始终坚持业绩至上，也十分注重员工培养的企业经营者。

　　考虑到裁员易使优秀员工对公司丧失信心而萌生去意，樋口武男并没有强制裁员，而是等待惯于安逸的员工耐受不了严酷的工作环境时自行辞职。大和建筑公司在1994年和1995年分别有120人和110人主动离职，其中大部分是1989～1991年泡沫经济时期入职的那些安于平稳、不思进取的员工。

　　樋口武男对员工的评语包括I（不找借口）、G（不敷衍）、A（不放弃）、N（不逃避）、A（乐观）、S（麻利）。①或许，樋口给人只重业绩成果、一味督促员工工作的印象，但事实是他亲临一线作业现场，与员工推心置腹交流，才换来员工的忠心追随。

　　律师中坊公平在"森永砒霜毒奶粉事件"以及香川县丰岛工业废料垃圾非法处理事件的审判中担任受害者辩护律师团团长。他重视现场调查，努力维护弱小者利益，出任辩护律师团团长一职也是分别在接触毒奶粉事件的受害者和亲临工业废料丢弃现场后做出的决定。中坊长期担任大和建筑工业公司法律顾问以及监事。据说在表彰中坊长期为公司服务，做出巨大功绩的仪式上，樋口武男致辞时忆及一同走过的风风雨雨，不禁在众多员工面前潸然泪下。如此看来，仅有严厉也成不了优秀的企业经营者。

　　新型经营管理者的第四位代表是佳能公司的御手洗富士夫。御手洗执掌佳能之时，正值佳能主业相机产业衰退收缩。日本全国相机生产厂商由1960年时的40家锐减至2001年的8家。佳能主业从相机转变为复印机正是顺应了这一时代的潮流。

　　御手洗有驻美经历，了解美式经营管理的优势与不足。他在保留日本终身雇佣制的同时，借鉴美国注重能力的做法，推行"实力终身雇佣制"。

　　这一制度首先否定了日式的工龄工资传统，业绩不好不能涨薪。其次，发挥了日式管理的特色，通过企业内部教育向员工彻底地灌输企业理念及指导方针，努力树立企业品牌形象。第三，不裁员，长期雇用有继续工作意愿

---

① "我的履历书"，《日本经济新闻》，2012年3月21日。

的员工，但业绩不好也会减薪。

我想介绍的第五位新型企业经营者代表是女经理寺田千代乃。千代乃初中毕业后，在17岁时与一名货车司机结婚。1977年，丈夫的小物流公司（只有两辆货车）因经济不景气陷入困顿后，千代乃成立阿托搬家中心，主营打包、运输搬家行李。如今该中心员工达1000人，年营业额400亿日元。2002年，千代乃就任关西经济同友会秘书长。

阿托搬家中心的快速发展得益于千代乃独特的主妇眼光。例如，搬家工人把行李搬进新居前会换上雪白的新袜子。再如，新增加的业务中使用上下两层的新式搬家货车，业主全家可以坐在第2层与行李同时抵达新居。此外，单身女性的搬家业务全部由女性搬家工人完成。阿托搬家中心的出现，改变了人们认为搬家行业是体力劳动，由男性一统天下的陈旧看法，构建出轻盈灵动的业界新形象。

（3）推动员工意识变革的经营管理

京瓷公司的稻盛和夫继承了日式经营管理的优点，最大限度调动员工的工作积极性，培育企业竞争力。

1959年创业之初，京瓷只有300万日元资本金和28名员工，连办公场所都是租借的，属于名副其实的小微企业。如今，京瓷的电子、光学、相机、信息通信、太阳能发电等众多业务进军中、美等海外市场，成长为真正的优质企业。

成功带领京瓷晋级大企业后，1984年，稻盛创立第二电电公司（现KDDI）并任董事长。2010年，稻盛临危受命，出任破产重组的日本航空（JAL）董事长。

据说，最初77岁的稻盛以年事已高为由谢绝出山，受到再三盛邀才应允，但附加了"零报酬"的条件。在位两年半后的2012年9月，日航重新在东京证交所挂牌上市，成功复活。彼时，日航不仅偿还了国库3500亿日元的重建注资，还额外上缴国库3000亿日元利润。

日航能重新起航，关键得益于稻盛将自己的经营哲学彻底灌输给全体员工，帮助他们改变了垄断企业屹立不倒的心态，从根本上变革了日航官僚主义经营体质。

稻盛将其经营哲学的精髓总结在《京瓷哲学》[①]一书中，从京瓷时代起就配发给每一位员工。全书内容如同祖父向孙儿讲述处世训言一样，年轻人或许会觉得说教味浓厚，但这些基于稻盛亲身经历的箴言不绕弯、不回避，追问每一个员工，直击"如何生存"这一根本问题。

稻盛认为企业经营的目标主要有三点：

①实现全体员工物质及精神上的幸福，为人类社会发展做出贡献。

②培养具有经营管理者意识的人才。

③实现全员参与型的经营管理。

为实现上述目标，稻盛提出的经营管理模式是"阿米巴模式"。阿米巴是一种单细胞生物，这里借指企业各部门独立经营之意。

"阿米巴模式"有以下三点特征：

第一，将各个事业项目部分割成大部门与小部门，实行各自独立核算制度。例如，新型陶瓷项目部分成原料、成型、烧制、加工等四个小部门。各小部门负责人需承担的职责类似中小企业的总经理。

第二，会计实行双核算制，由两个人或两个岗位进行双重核算。人无完人，难免受欲望的诱惑，双核算制从制度体系上规避了会计造假的可能。

第三，不采用欧美式纯粹的"成果主义"，而是综合员工长期业绩情况以及工作态度进行考核。

日航重建过程中，稻盛正是利用"京瓷哲学"改变了日航员工长久以来高高在上的国企人意识。稻盛式经营在培育企业市场竞争力的同时激发员工的工作意愿，着意为员工创造成长机会，这些都完美继承了日式经营管理的精髓。

---

① Sunmark，2014年。

（4）主张"脱核电"的著名经营管理者

早在福岛核电站事故发生前，稻盛就一直坚持"脱核电"立场。还有些经营者也同稻盛一样，珍视企业所肩负的社会责任，主张"脱核电"。

总行位于东京品川区的城南信用金库，是日本数一数二的优质金融机构，颇有名气。信用金库是由出资人组成的合作组织，属于非营利性法人。信用金库出资人原则上为其营业区域内的中小企业（资本金9亿日元以下或员工数300人以下的企业）或驻地居民。作为股份有限公司性质的营利法人，银行以追求利润为第一要义，而信用金库则担负着公益事业的使命。

城南信用金库理事长吉原毅是个很有想法的人，经营上极具特色。吉原任理事长后，自行将理事长年薪限定在1200万日元以内，低于分行行长的1350万日元，还限定同一人担任理事长和董事长时任期合计不超过4年，并规定董事60岁退休。对于员工的薪酬发放则采用"工龄工资制"。城南信用金库曾因推行抽奖奖金达10万日元的定期存款业务备受媒体关注，这项业务也是吉原的创意。

公开高举"脱核电"大旗的经营管理者为数不多，吉原作为其中之一而扬名。福岛核电站事故发生后不久，城南信用金库即与东京电力公司解除了电力购买合约，转与一家由东京燃气公司①、大阪燃气公司②、NTT设施集团③共同出资设立的新电力（PPS）④运营商ENNET⑤签订购电合同。ENNET所售电力是从川崎天然气发电公司购入，那里采用的是煤气联合发电。煤气联合发电的能源利用率为58%，远高于核电的30%。为此，城南信用金库2012年度电费减少5%，节省支出约1000万日元。

在销售业务上，城南信用金库推出"志愿者定期存款"项目，将相当于

---

① 　Tokyo Gas Company, Limited。——译者注
② 　OSAKA Gas Company, Limited。——译者注
③ 　NTT FACILITIES。——译者注
④ 　新电力运营商即特定规模的电力运营商（PPS）。20世纪末的电力改革中，日本承认PPS地位，允许其收购电量后向大客户销售，在电力发售端引入自由化竞争。——译者注
⑤ 　英文名为ENNET Corporation。——译者注

"超级定期存款"年利息4倍的金额捐给受灾地区。同时，针对投资10万日元以上节能设备的个人，将超级定期存款的利息由通常的0.03%提高至1%，即"节电加息存款"。此外，城南信用金库还为新设太阳能电池板、蓄电池、家用发电机、LED照明等设备的客户提供优惠的"节电减息贷款"，第一年免息，第二年利息2%。

2012年8月9日，吉原在接受朝日电视台旗下一档新闻节目"新闻报道站"采访时表示：

> 经团联、经济同友会、商工会议所给出了一个错误的信息，认为没有核电站是不现实的。可是，如果有核电站才符合现实的话，那经团联的加盟企业干脆找电力公司买下核电站自己运营好了。这些企业肯定不可能做这么危险的事情。自己都不愿沾手的事却强推给别人做，实在很不负责任。[①]

2015年4月，吉原恪守自己制定的董事60岁退休制度，从理事长位上退下，改任顾问。所谓既有志向又有想法的著名经营者，应该就是指吉原这一类人吧。

（5）因推进核电而蒙受巨大损失的企业

吉原从"脱核电"中寻到了商机。相反，也有经营管理者因一味推进核电而使公司陷入生死危机。日本著名电机制造商东芝近年的几位总经理、董事长即是代表。下面将详细说说其中的来龙去脉。

20世纪90年代，受三哩岛事故和切尔诺贝利事故影响，美国核电厂商WH（西屋电气）的经营状况持续恶化，1999年将其核电部门卖给英国核燃料有限公司（BNFL）。但不久后，受英国核能政策调整的影响，BNFL委托英国投资银行罗斯柴尔德公开拍卖其刚刚收购的原WH核电部门。

---

① 吉原毅：《日本经济从"脱核电"再生》，KADOKAWA，2014年。

日本的东芝和三菱重工参与了这次竞购，两家公司竞相抬价。2006年，东芝最终以54亿美元的高价收购成功，这一价格比东芝预算上限的两倍还多。竞购失败的三菱重工对此极不理解，称"（东芝）核能业务不可能盈利"。

截至2017年，成为东芝子公司的原WH核电部门在美国佐治亚州和南卡罗来纳州各有2座，合计4座核电机组在建设之中。在中国浙江省也有三门1号、2号，在山东省有海阳1号、2号，共计4座核电机组处在建设阶段。以上项目均因工期延迟而使造价不断上涨。此外，WH还决定停止已签约的美国得克萨斯州南得克萨斯项目3、4号的建设，为此将承担违约金7亿美元。

WH签订的合同规定，若无法完成核电机组建设或者违约，须向订货方电力公司支付违约金。WH的债务保证人为母公司东芝，债务保证金总额仅美国4座核电机组就达约80亿美元。

因为整个集团造假账，东芝已陷入经营危机，再加上WH相关的损失，当时预计2017年3月份还将新增70亿美元的赤字。为此，东芝计划出售旗下作为盈利主力军的半导体部门以筹措100亿美元资金，这些资金可能全部用于返还WH所欠债务。[①]

日本数一数二的电机制造商东芝公司濒临破产，其元凶就是积极将资金投入核电事业的东芝经营管理团队。

除东芝外，日立也在美国与GE（通用电气公司）成立合资公司，从事铀燃料浓缩项目。为了从该项目退出，2017年日立支付了7亿美元。此外，因所造机器于2012年引发核电事故导致反应堆停运、退役，三菱重工被美国加利福尼亚州圣奥诺弗雷核电站要求支付70亿美元的损害赔偿金。

东芝、日立、三菱重工，日本这三大核电制造商均蒙受了巨额商业损失。不仅如此，因为公司投入巨大人力、物力推进核电这一遗毒后世的项目，使得三家公司长年积累的好名声也不可避免地染上了污点。

---

① 《朝日新闻》2017年2月22日、2017年2月24日。

5. 地方的智慧与传奇愿景

进入20世纪70年代，为得到国家财政拨款与政策项目支持，各地方政府竞相设置驻（东）京办事处。民间企业为了更快获取国家财政政策与地方政府动向的相差信息，也纷纷将总部迁往东京。官方和民间各机构的工作人员及其家属聚集到首都圈后，商业、餐饮、交通运输、住宅产业以及教育、出版、文化领域的各种需求急剧膨胀，扩大的市场需求进而带动更多企业向首都圈转移，随之增多的就业机会又继续吸引、汇聚大量劳动力和学生，日本经济呈现向东京一地集中的倾向。

经济规模的扩大与人口的增长相辅相成，首都圈的人口、经济得到快速发展。与此同时，绝大多数地方城市呈现人口减少的趋势。曾经繁荣程度不输首都圈的大阪、京都、神户等关西圈城市逐渐掉队，差距越来越大。在山区农村，人口数量减少与老龄化现象并存，有些地区甚至出现了65岁以上老龄人口超过人口总数50%的所谓"极限村落"。在这些地区，老龄化和人口稀少化使村落这一组织的存续面临危机。

在地方经济衰退、人口减少、老龄化加剧的背景下，有一群人积极投身于环保、福利工作，努力促进地方经济的振兴。本节将介绍他们充满智慧与激情的传奇经历。

（1）重视环境带来的经济成效

德岛县上胜町是个仅有1726人（2012年统计数据）的小山村。该町提出"2020年前完全杜绝垃圾焚烧及填埋"的目标，将垃圾细分为34类进行处理：

1.铝制易拉罐	2.不锈钢罐
3.喷雾罐	4.金属盖
5.透明瓶	6.茶色瓶
7.其他瓶	8.再生塑料瓶
9.其他玻璃类、陶瓷类、贝壳	10.干电池
11.（完整）荧光灯	12.（破损）荧光灯
13.镜子、体温计	14.灯泡
15.塑料泡沫类	16.旧布、毛毯
17.纸袋	18.纸箱
19.报纸及夹带的传单	20.杂志、复印纸
21.一次性筷子	22.塑料瓶
23.塑料瓶盖	24.打火机
25.被絮、地毯、窗帘、绒垫	26.纸尿布、卫生巾
27.废弃食用油	28.塑料容器包装类
29.必须焚烧物（鞋类、容器、包装以外的塑料类等）	
30.废旧轮胎、废旧蓄电池	31.大型垃圾
32.家电产品	33.厨余垃圾
34.废旧农用薄膜、农药瓶等	

目前，上胜町居民一年产生的垃圾量为每人130公斤，控制在全国平均水平的1/3。不能回收再生或再利用的垃圾一年有60吨，不到从前的一半。垃

坂处理费200万日元，只有从前的40%。通过减少垃圾产生量以及焚烧、填埋量，居民环保意识得以加强，上胜町的整体形象也得到了提升。

上胜町还因采摘、销售各种树叶的"树叶商贸"而闻名。日本料理被称为用眼睛欣赏的料理，其色彩丰富，常常需要桃、樱、枫、柿、梅、交让木、南天竹、富贵果、松等树木的树叶、花朵、果实作为添加物或装饰物。上胜町树叶商贸的年销售额达2.5亿日元，占全国市场75%的份额。虽然町内180户农户的平均年龄高达68岁，仍颇具商业头脑。80多岁的老奶奶每天上网了解市场行情，由此决定翌日供应的树叶品种。对她们来说，采集树叶不光是生活的意义之一，还是她们的健康源泉。她们不服老。可以说，正是由于重视环境，才成就了树叶商贸的上胜町品牌。

流经四国高知县西边的四万十川，河水清澈程度在日本数一数二。其上游的东津野村因采用低成本、高效益的粪肥处理方式而闻名于世。

被称为"四万十川源流方式"的粪肥处理方法先采用微生物降解粪尿，再将其转化为泥土和肥料。这种设备的建设费用是1879万日元，每年需1700万日元维持运转。在日本其他地区，粪尿通常由专门的粪尿处理厂进行脱氮处理，相关设备需要4亿日元的建设费以及每年3000万日元的维护费，成本远高于四万十方式。此外，也有直接将粪尿排入大海的做法，但每年不仅需3400万日元的费用，还污染海洋。四万十方式不仅成本低廉，不污染环境，还能产出肥料，有着一石二鸟甚至一石三鸟的效果。

高知县梼原町也位于四万十川上游，是个只有4000人的小镇。町长中越武义是一位环境友好型区域发展的领军人物。

1999年，梼原町安装了两台风力发电机开始风力发电，并将每年4000万日元的风电收益用于开发其他自然能源。如今，除风力以外，町内还拥有太阳能、地热、小水利、生物能等多种能源。在梼原町，安装太阳能面板的家庭可以领取补助，现在这样的家庭已超过100户，太阳能发电普及率傲视日本。2000年，梼原町制定《植树造林基本条例》，对森林进行保护性间伐，间伐木材加工成木球作为生物燃料使用。

町长中越的办事风格非自上而下的命令式，而是鼓励町内居民主动参与。他向全町公开募集15名居民送往德国、瑞士等国考察，然后向考察者及其他居民征集环境、健康、教育等方面的町建设建议。梼原町虽地处偏远山区，但财政健全。

以滋贺县爱东町、新旭町、安土町为中心开展的环境生活合作社①运动被称为"油菜花革命"。1977年日本第一大湖琵琶湖因湖水富营养化导致的大规模赤潮事件是引发这场运动的原因。

1980年，时任滋贺县知事的武村正义（后当选众议院议员，成为先驱新党代表）向县议会提交"制皂条例"并获通过。该条例旨在预防琵琶湖污染，提出回收废弃食用油用于制造肥皂以及禁止使用化学合成洗涤剂这两项主要建议。条例施行后，琵琶湖水质明显改善，制皂业也得到发展。

受此启发，自1993年，滋贺县开始栽培油菜花，尝试利用菜籽油生产生物柴油（BDF）。而环境生活合作社领导的这项"油菜花项目"是借鉴德国的经验。2003年德国的BDF产量达到100万吨，用于制造BDF的油菜花种植面积达35万公顷，菜籽油产量增至45万吨。

地处九州大分县汤布院町的由布院温泉，在日本人最想去的温泉排行榜上名列第一。20世纪80年代泡沫经济时期，日本各地掀起大规模开发景区、度假区的浪潮，农田、山林被地产开发商收购后陆续建起宾馆、公寓。

开发商对自然环境得天独厚的汤布院町垂涎欲滴，甚至拿着厚厚的钞票诱逼农户出售土地。一旦修建度假设施，原有寂静悠闲的自然景观必然消失殆尽。汤布院町政府工作人员意识到形势严峻，反复查阅、研究相关法律，奔走于各中央主管部门之间，最终成功促成限制度假区开发相关条例的出台。

汤布院町将自身定位为温泉镇，坚持以自然环境及当地农产品、土特产为特色，拒绝嘈杂的游乐场和娱乐设施，满足游客乘坐马车沉浸在大自然之中的需求，由布院温泉因此一跃成为日本温泉游第一目的地。

---

① 日文为"環境生活協同組合"，又译为环境生活协同组合。——译者注

与此形成鲜明对比的是新潟县汤泽温泉。虽然一度滑雪游客门庭若市，但如今空置公寓楼林立，几近鬼城，成为度假区开发的牺牲品。泡沫经济时期，做出汤布院町式的抉择需要巨大的勇气和忍耐力，而自然环境和景观一旦被破坏就永远不可能还原了。

（2）不靠农药和化学肥料的农业生产

以九州熊本县为中心广泛采用的"中岛农法"，是一种尽可能减少农药和化学肥料使用量，给土壤施加营养丰富的矿物质的农田耕作法。

中岛常允自己试用此法获得成功后曾向其他农户推广，但并不为大家所接受。为此他向农户允诺，若因使用"中岛农法"而造成损失，均由中岛本人负责赔偿，"中岛农法"才得以为众多农户接受。据说迄今尚无一例索赔发生。

境真佐夫经营的"泥武士"餐厅的食材就是使用"中岛农法"栽培的有机农作物。餐厅生意兴隆，除了熊本总店，还在东京开设了两家名为"AEN"的分店。

"稻鸭共作"[①]是一种不使用农药的有机农业技术，"稻鸭"即将鸭放养于田间，让鸭子吃掉妨碍稻米生长的杂草和害虫。鸭粪能成为稻田的有机肥，发育成熟的鸭到秋季还可以出售食用。

"稻鸭共作"的推广人是福冈县桂川町的古野隆雄。古野饲养了900只鸭，放养到3.2公顷的水田里。日本有1万户农户采用这项农业技术。如今，该技术推广到中国大陆、中国台湾、越南和古巴等地，例如江苏省就有20万公顷的稻田采用"稻鸭共作"。汇聚全世界政治经济领域领袖人物的"达沃斯论坛"两度邀请古野，表彰其为"社会革新者"。

北海道标津町的本田广一是"兴农农场"经营者。这家农场杜绝使用一切农药和化学肥料栽培有机牧草和蔬菜。农场饲养有1200头荷斯坦奶牛、80

---

① 因放养鸭的种类不同，分为"间鸭农法（又称合鸭农法）"和"家鸭农法"两种，此处统一为"稻鸭共作"。——译者注

头肉牛、600头生猪，年销售额达6亿日元。

1995年，北海道副知事麻田信二呼吁"北海道应宣布在全道推行有机农业"。

北海道曾在中国热映电影《非诚勿扰》中出镜，吸引了众多来自中国的游客。在札幌繁华商业街——狸小路的特产店到处能听到汉语。不过，北海道广受游客欢迎的根本原因还是在于雄美壮阔的自然环境和美味的海鲜、农产品。我觉得在各位读者的祖国，将全村、全镇居民动员起来发展有机农业，创立农产品品牌，或者以优美的自然风光和安全新鲜的农产品为卖点来开发旅游产业也是很值得一试的。

（3）日本山村的奇迹

前文提到，日本很多山村都存在人口稀少化和老龄化的问题。接下来，笔者将介绍两位努力打开这一不利局面的村长。

第一位村长是北陆地区新潟县里川村的伊藤孝二郎。里川村深受冬季暴雪、夏季水害之苦。由于冬天全村都被积雪所覆盖，各家各户的父亲及年轻男性大多出外打工。村长伊藤带领村庄克服了人口稀少化的危机，实现了农业、观光两位一体的村庄发展。

伊藤早年就读于盛冈农林专门学校，以学生身份入伍，在中国迎来了二战结束。返回日本后，他从31岁开始担任里川村村长，任职时间长达48年。

1959年，他提出建设"青年之村"计划，召集村中20名年轻人开荒种地，开展农业合作。他还将年轻村民送往德国、瑞士、丹麦等国进行为期一年的农业研修。有过外国研修经历的人数已达30人，这相当于里川村村公所职员总数的四分之一。

对于送年轻人出国研修的做法，他表示："在外国生活过才知道自己是谁。待在日本的温室中是不可能领悟到的。"[①]

---

① 吉冈忍：《制造奇迹的村庄故事》，筑摩书房，2005年。

　　参加海外农业研修的年轻人返回村庄后提出了很多新想法。里川村是个小村庄，全村只有6750人，但村内却拥有诸多经营场所，包括滑雪场、高尔夫球场、荞麦面馆、花卉公园、各式体育设施、温泉疗养所、垂钓鱼塘、野营地、畜产基地、火腿加工厂、酸奶工厂、豆酱厂、肥料厂、啤酒厂、矿泉水厂、天文观测设施、烧烤小屋以及4家宾馆。凭借当地出产的特色农产品和休闲观光双重发力，里川村重焕生机。

　　带领贫困村致富的第二位村长，是东北地区岩手县泷泽村的柳村纯一。泷泽村人口5.3万人，是日本人数最多的村级组织。1994年，44岁的柳村担任村长，之后率领村庄走过12年的岁月。

　　柳村将拥有300名职员的村公所视为一家中小企业，追求组织的高效运营。他改变了村公所根深蒂固的部门条块分割意识和职权范围意识，提出"与居民合作，共同构筑幸福社区"的理念。

　　泷泽村村公所职员的行动宣言是"改变"，以"改革、通俗易懂地传达、相互理解、真心相对、迅速行动"为座右铭。在全村都是"小村长"的方针指导下，村民都以志愿者身份积极参与防灾、预防犯罪、道路施工、除雪等工作。

　　通过以上改革，泷泽村的财政实力指数（=财政收入额/财政需求额）为0.53，这一数值仅次于岩手县县政府所在地的盛冈市，位列全县第二。[1]

　　从以上两个事例可以看到，农村发展依靠人才，同时地方政府职员及村民的意识转变也起着至关重要的作用。

---

[1]　沟上宪文：《将"日本第一的村庄"变成超优质企业的男人》，讲谈社，2007年。

第

5

章

福岛核电站事故的教训

1. 福岛第一核电站事故

（1）核电站事故的来龙去脉

2011年3月11日，宫城县以东海域发生里氏9.0级大地震。地震引发的二三十米高的海啸袭击了日本东部太平洋沿岸地区。地震和海啸造成巨大的人员及财产损失，青森、岩手、宫城、福岛、茨城各县沿海地带几被损毁，死亡及失踪人数超过2万。

然而，给灾区人民带来致命打击的是东京电力公司福岛第一核电站事故。地震和海啸导致核电站1～4号机组失去所有电源，反应堆无法正常冷却（"完全断电"）。最终，反应堆厂房内部氢气爆炸，厂房顶部被掀翻，核燃料棒熔毁（"堆芯熔毁"），装有堆芯的反应堆压力容器以及压力容器外部起保护屏障作用的安全壳损坏，大量被放射性物质污染的水和空气从失控状态的核电站排放出来并扩散到周围广阔区域。事故发生数年后，堆芯熔毁事态仍未得到最终解决，放射性物质源源不断地排入海洋和大气中。

4月12日，根据国际核事故分级表（INES），福岛第一核电站核泄漏事故等级被升级为7级（特大事故），与1986年4月26日发生的苏联切尔诺贝利核电站事故同级。福岛第一核电站4台机组中，1～3号机组为7级，4号机组为3级。[1]造成巨大损失的切尔诺贝利核电站事故只是1个反应堆（机组）导

---

① 大沼安史：《世界所见的福岛核事故灾难——海外媒体报道实录》，绿风出版，2011年。

致的事故，相比之下，福岛第一核电站事故的规模则大得多。

为远离放射性物质污染区，近10万人不得不背井离乡，外出避难，而生活在非强制避难区的人们也终日笼罩在核辐射的恐惧中。污染区的住宅、商店街、工厂、农田虽然外观上与以前并无二致，但属于危险区域，人们再也无法返回，正可谓失去了故乡。

山形县长井市有个活跃了40年的业余民间艺术团体"影子"，成员多为当地农民。他们的歌曲《即使花开》，唱出了人们被迫背井离乡的悲愤之情：

> 核尘埃覆盖的街道，春天依旧按时到来。
> 人去楼空寂静的街道，植木繁茂花朵盛开。
> 即使花开，就算花开，赏春的人儿在哪儿？
> 怨恨地、懊恼地，花儿散落在核污染的泥土上。

世界著名电影导演黑泽明的晚年遗作《梦》讲述了八个梦，其中之一描写了富士山喷发，周边核反应堆爆炸后居民们四散逃难的情景。这是1990年拍摄的作品，居然在二十年后的日本成为现实。

（2）何谓核能发电

究竟什么是核能发电呢？其原理与火力发电一样，都是利用水蒸气推动涡轮机转动，而后带动发电机发电。不同的是，火力发电通过燃烧石油、煤炭产生热量制造水蒸气，核能发电则通过燃烧铀燃料产生热量制造水蒸气。

核电推进派的人们和电力公司宣传说，"核电不产生二氧化碳，不会像火电一样造成全球变暖，是一种能够防止全球变暖的绿色能源"。但事实并非他们所说。核电产生热能（高温水蒸气）的70%必须用海水冷却，冷却用海水在反应堆内上升7℃后被直接排入大海，1座百万千瓦的核电机组1秒钟的冷却用水量就达70吨。

核物理学者水户岩早在20世纪70年代初期就指出，核电站是"海水加热器"。一般认为，导致近年气候变化的重要原因在于全球变暖造成的海水温度上升。若真是海水升温造成全球气候变化，那么全日本核电站所排放的温水则直接起到加热海水的作用，是道道地地的元凶。[1]

1986年切尔诺贝利核电站事故发生后，水户岩投入更多精力搭建反核电阵地。不幸的是，当年12月，他同两个儿子在攀登北阿尔卑斯山脉[2]剑岳峰时遇难，时年53岁。水户曾参与"越平联"神户支部的建立，是罕有的治学与实践并行的人士。如果他还在世的话，会如何看待日本今日的惨状呢？

核电站正常运转时也会排放出放射性废物。1座百万千瓦的核电机组1年燃烧的铀燃料重达1吨。当年空投广岛和长崎的原子弹瞬间就将城市化为焦土，广岛20余万人死于核爆炸，长崎死亡10多万人，还有无数人忍受着核爆炸后遗症的折磨。投放于广岛的原子弹燃烧的铀燃料是0.8kg，而1座百万千瓦的核电机组1年所燃烧的铀燃料数量就是广岛原子弹的1000多倍。日本在高峰期时有54座核电机组（4911万千瓦）同时运转，这就意味着日本1年排放出相当于广岛原子弹5万倍的放射性物质（铯137等）。[3]

放射性物质为何危险呢？这是因为放射性物质释放的 α、β、γ 和中子等射线会破坏细胞中的DNA，使人体基因变异甚至导致死亡。对1986年切尔诺贝利核事故的调查表明，放射性物质对胎儿、婴幼儿、儿童影响更大，会提高癌症发病率。核电站排放的放射性废物中，既有铯137这种半衰期相对较短（30年）的物质，也有需要数百万年才能完全消除毒性的物质。现在通常把这些放射性核废料进行固化处理后埋藏于地下300～1000米深处的"临时储藏设施"中，这完全是在敷衍。核废料的去向成为难题，导致核电站如同"没有卫生间的公寓"一样。

目前，世界上唯一的高放核废料[4]最终处置库建于芬兰奥尔基洛托

---

① 水户岩：《核电站是行将消亡的恐龙》，绿风出版，2014年。
② 又名飞弹山，横跨日本富士县、岐阜县、长野县与新潟县部分地区。——译者注
③ 小出裕章：《想告诉孩子们的禁核电理由》，东邦出版，2011年。
④ 全称为高水平放射性废物，英文名为high level radioactive waste(HLW)。——译者注

（Olkiluoto）岛的Onkalo地下实验室原址。处置库深挖竖井至地下250米，横向凿有隧道，预计可封闭保存高放核废料10万年。即便如此，这一做法还是等于在未来漫长的岁月中强行把有毒物质甩给后代子孙。

（3）福岛第一核电站事故处理

福岛第一核电站事故发生经过如下。

2011年3月11日的大地震及随后而至的巨大海啸袭击了核电站的设备、设施，用于冷却堆芯的电源被切断，堆芯中的燃料棒（装有核燃料的圆筒形锆合金包壳管）在高温下开始熔毁。温度超过850℃时，发生锆水反应，产生了大量氢气。最终，反应堆厂房内发生氢气爆炸，大量放射性物质伴随爆炸扩散到厂房外部。

核电站事故从堆芯熔毁发展到氢气爆炸，事态变得极其严峻，但东京电力公司和政府的应对处置却很不得当。

日本负责核电站安全管理的政府专门机构是内阁府原子能安全委员会以及经济产业省下属的原子能安全保安院，然而这两个部门都未采取有效措施。原子能安全委员会委员长班目春树甚至信誓旦旦地对首相菅直人说"不可能发生氢气爆炸"。据说看到1号机组爆炸的画面后，班目"哇"地叫了一声，之后抱住了自己的头。肩负核安全职能的专门机构负责人竟如此狼狈不堪，这让首相菅直人对相关部门产生了不信任感，最终出现一国首相亲临现场指导细致工作的超常规局面。

2012年2月27日，"福岛核电站事故独立调查委员会"发表报告，认为"首相官邸过度主导、干预现场处理，且其大部分处置措施无法获得正面评价"，批评了首相菅直人等人在事故初期的应对。不过，正是由于专门政府机构和东京电力公司没有采取负责任的应对措施，才迫使首相出头，至少可以说，如果没有菅直人下达"不可撤退"的命令，事态将更加不可收拾。

上述"福岛核电站事故独立调查委员会"声称此次调查为"民间事故调查"，自诩独立于政府和东京电力公司，真正从"民间人士立场"出发调查事故真相。然而，独立调查委员会委员长北泽宏一长期执教于东京大学工学系研究生院，曾任科学技术振兴机构理事长，现为该机构顾问。科学技术振兴机构作为科学技术厅①管辖的特殊法人于1961年设立，现为文部科学省（以下简称为"文科省"）下辖独立行政法人机构，现任理事长中村道治师从东京大学理学部物理学科教授有马朗人，还曾供职于日立公司，位至日立副社长。由此可见，所谓的独立调查委员会，既非"独立"也非"民间"，相反，与积极推进核电事业的政府、大学以及相关公司有着千丝万缕的联系。

在报告书中，独立调查委员会严厉批判首相菅直人及首相官邸的应对措施，而对待原子能安全委员会、原子能安全保安院，没有公布放射能影响应急快速预测网络系统（SPEEDI）数据的文科省，以及核电站事故当事方东京电力公司的态度则温和得多。北泽委员长对首相菅直人下了"应对危机的措施总体不合格"的定论。但是，在谴责菅直人之前，作为核电事业推进方的官方机构是不是也该被问责呢？报纸也好，电视也罢，好似一个又一个"民间"的"独立"事故调查委员会一般，大肆跟踪报道，而对事故背后存在的"核能利益集团"却只字不提。首相菅直人遭到媒体铺天盖地的围攻，正是在其决定立即停止中部电力公司滨冈核电站的运行之后。

福岛第一核电站1号机组发生氢气爆炸是在3月12日15点36分，最初公布的泄压作业（即开启安全壳阀门，排放水蒸气降压的作业）开始时间是14点30分，后来在首相官邸主页公开的记录中，这一时间被悄悄前推4个多小时，被篡改了上午10点17分。②这是官僚机构为求自保和逃避责任而进行的"信息操作"。

事故发生后不久，奥地利、挪威、英国、德国等国随即发布福岛第一核电站核辐射扩散情况预测。日本文科省下属核能安全技术中心运行的"放射

---

① 于1956年创建，2001年废止，其业务被分散至文部科学省等处。——译者注。
② 大沼安史：《世界所见的福岛核事故灾难——海外媒体报道实录》，绿风出版，2011年。

能影响应急快速预测网络系统（SPEEDI）"也在较早时候针对放射性物质扩散情况给出了预测数据。根据SPEEDI测算的放射线暴露数据，碘131在南相马市、浪江町、葛尾村等位于核电站半径范围30公里内的区域以及饭馆村、川俣町都呈高浓度分布。然而，日本政府在事故发生后的3周多时间里都没有公布这些放射能扩散预测数据。此乃"信息隐瞒"。

加之反应堆冷却用电源被切断后，事实上东京电力公司已束手无策，最终采取的反应堆冷却措施只是消防车喷水、直升机从海里吸取海水进行空中抛洒等极其原始的作业。正如后来在日本国内电视上看到的，消防车喷水难以精确定位，直升机的高空喷洒也是四散飞溅，收效甚微。这些都暴露出作为核电站监管方的政府以及当事方的企业在危机管理对策上的不到位。

2. 世界及日本的核电

今后，在世界范围内核电站运行、建设的前景会如何呢？从大区域来看，欧洲、北美呈减少趋势，亚洲则有增多的倾向。对比1995年末和2010年末两个时间节点的在运行反应堆数量可知，欧洲从150个减少到129个，北美从130个降为122个，而亚洲从82个增至117个。福岛第一核电站事故发生后，德国、意大利、瑞士等国更加明确地表达了脱核电、反核电的态度，相反，亚洲不仅在建、规划建设的反应堆数量多，而且呈现进一步增加的态势。

亚洲核电大国当数日本和中国。

截至2012年末，中国在运行核电机组15座（装机容量1254万千瓦），在建30座（装机容量3267万千瓦）。换算成装机容量的话，中国占到世界在建核电机组总量的50.1%。[①]这些机组大多分布在沿海地区，也有类似江西省九江市郊外的彭泽核电站这种位于河流沿岸的在建项目。[②]

日本福岛第一核电站事故发生后，中国方面，温家宝总理曾作出冻结核电站建设的指示，部分地区民众也发起反对运动。

2015年，中国政府重启冻结的核电站建设项目。根据规划，到2020年以前，中国将有60座核电机组运行，总容量7000万千瓦，总发电量中核电占比

---

① 《中国核能年鉴》（2013年版）。
② 《朝日新闻》，2012年3月2日。

将由现在的2%增加到15%。

日本有核电机组54座，但截至2011年9月1日，实际正在运行的只有12座，另有37座停止运行，5座废弃。2012年初，为进行定期检修以及事故后修理维护，所有核电站均停止运行。2014年夏天，所有核电站再一次停止运行，但日本并没有因电力不足导致停电。如此来看，即便核电站全部关停也不至于出现停电事态，核电推进派鼓吹的"日本没有核电将陷入电力危机"的说法明显缺乏依据。

从日本的发电装机容量和实际运转率来看，水电方面只运转了4100万千瓦装机容量的19%，火力发电方面的实际运转率也不高，占1兆2300万千瓦装机容量的50%。相较之下，正常运行时期的核电站运转率最高，达到5300万千瓦装机容量的61%。只需将火力发电运转率提升至75%就足以弥补核电的缺口了，不这样做的原因真的是核电的成本比火电更低吗？答案并非如此。

3. 核电成本

　　根据日本电气事业联合会2003年公布的发电成本测算数据，1度电的成本为核能5.3日元、煤炭5.7日元、天然气6.2日元、石油10.7日元、水电11.9日元。这项由电力相关行业团体进行的测算，并未考虑乏燃料处理成本，同时将核电站运转率设定为80%，这与实际情况相去甚远。即便如此，核电成本和火电也相差无几。

　　此外，立命馆大学教授大岛坚一根据1970～2007年度有价证券报告书推算过各类型发电总单价（日元/度），其中的核电成本里加入了核废料处理成本、核电站实际运转率以及涉及核电站开发、选址等相关费用中由政府承担的部分（给地方的财政拨款等）。大岛得出的计算结果是：一般水力3.98，一般水力+抽水7.26、火力9.90、核能10.68、核能+抽水12.23、抽水53.14。[①]

　　给地方的财政拨款是指拨付给核电站所在市、町、村或县的款项，45年间每座核电机组的费用为2455亿日元。

　　抽水发电的成本格外高，却为何没有被舍弃呢？其原因在于核电站在电力需求量低的夜间也要持续运转。抽水发电就是利用核电所产生的多余电量，在夜间抽水上来，白天再放水冲下发电。换句话说，核电和抽水发电密

① 大岛坚一："重审核能政策大纲的必要性——从费用的角度"，《第48回原子能委员会资料第1-1号》，2010年9月7日。

不可分。因此，核电成本必须和抽水发电打包计算。核电不仅发电成本高，而且由于选址都在远离大城市的偏远地带，电力输送过程中会损失70%的电量，浪费巨大。

经济学者伊东光晴在《核能发电的政治经济学》[①]一书中认为，核电成本除了上述费用外，还需添加一项"填埋费"。

核电"填埋费"具体包括反应堆报废产生的费用和乏燃料处理费用。关于反应堆报废费用，普通核电机组报废需15年时间，耗资1.15万亿日元，发生事故的福岛第一核电站需30多年，耗资20万亿日元。至于乏燃料处理费用，根据原子能委员会的概算，需耗资8.6万亿～9.3万亿日元。核废料中放射性钚的半衰期长达1万年，必须将其在地下贮藏设施中密封10万年。这些成本数额巨大，牵涉时间长，根本无法计算。

成本如此之高的核电为何在日本能源市场大行其道呢？这与日本电价定价机制有关。根据《电气事业法》，电价通过以下"总成本方式"核定：

电价=必要经费（发电输电费、折旧费、营业成本、税费）+利润（电力收益）

利润（电力收益）=基本资产（固定资产、在建资产、核燃料资产、结转资产、运转资产、特定资产）×收益率（7.2%）

从上述公式可知，电价中必须包括必要经费，同时资产、发电输电设备越多，则利润越大。日本按区域划分为北海道、东北、东京、中部、北陆、关西、中国、四国、九州、冲绳共10家电力公司，每家均为当地垄断企业，电价再贵都不用担心被竞争对手抢走客源。在这一制度环境下，电力公司越是使用核电这种设备投资巨大的发电方式就越能获取更多利润。

---

① 岩波书店，2003年。

4. 日本的核能利益集团

（1）推动核电发展的人们

核电给日本电力公司带来了可观的利润，意图借助核电发展分食一杯羹的人也多了起来。在日本，一个横跨政党、政府、产业、学界、新闻界，推动核电发展的强大网络已经形成，这被称为"核能利益集团"。

积极推动核电引进的第一位日本政治家是正力松太郎（1885～1969）。二战前的1923年，正力从日本警视厅辞职，收购了当时发行量约5万份的《读卖新闻》，进入传媒业。二战后，《读卖新闻》发展成日本发行量数一数二的全国性报纸。1955年，这位新闻界大佬在富山二区当选为众议院议员，大力倡导"和平利用核能"。正力还是科学技术厅第一任长官，科技厅正是主管核电项目与宇宙开发的政府部门。

20世纪50年代，当时的青年政治家中曾根康弘视察美国核电站回国后，变身核电推进派急先锋，积极为核电相关法案的出台以及预算的拨付奔走呼号。1974年，田中角荣出台《电源开发促进税法》推动核电站建设，同时主动邀请核电站落户自己出生地附近的新潟县柏崎市。

自民党常年稳居执政党的位置，与经济界联系紧密，自民党干部支持推进核电项目不难理解，然而民进党（原民主党）成员中包括原社会党系议员，为何党内核电推进派势力也很强大呢？本书曾提到，民进党的主要支持者是日本最大的工会联合组织——"日本工会总联合会"（后简称"联合"），"联合"中一个实力强大的工会是"全国电力关联产业工会总联合"（简称"电力总联"）。"电力总联"之主体即前文提到的10家电力企业工会，此外还包括"日本原子能发电关联企业工会"以及"电源开发关联工会"。"电力总联"原属中偏左派的民社党系"全日本劳动总同盟"，与革新左派的社会党系"日本工会总评议会"划清了界限。①

考虑到这些缘由，期待民进党出台"脱核电"政策或许有点强人所难。

日本官方参与核能事务始于1955年《原子能基本法》和《原子能委员会设置法》的出台。根据这两部法律，科学技术厅设立了原子能委员会，为总理大臣提供核能政策相关咨询服务。1978年，由于核能的开发推进与安全管制集中在同一个委员会中，越来越多人发出了反对的声音，科学技术厅遂于其辖下新设原子能安全委员会。

不过，正如福岛核电站事故所暴露出来的，原子能安全委员会并未发挥太大作用。而且，自1994年公布《原子能开发利用长期计划》后，原子能委员会一直致力于快速增殖核反应堆的投产运行，希望二次利用反应堆产生的放射性元素钚，但结果只是浪费了巨额的资金。

不仅是科学技术厅，经济产业省同样积极推进核电。经济产业省下属的资源能源厅鼓励发展核电以保障能源供应充足。同属经产省的原子能安全保安院原本为核电安全监管方，却也变味成一心推进核电的机构。2007年的柏崎刈羽核电站事故及2011年的福岛第一核电站事故，都暴露出原子能安全保安院欠缺危机管理能力的问题。

福岛第一核电站事故发生后，2012年日本政府整合科技厅原子能安全委员会和经产省的原子能安全保安院，成立原子能管制委员会②，属环境省管辖。但是，新委员会事务局（原子能管制厅）的官员都是从整合前的两个部门调任而来，换汤不换药，实质并未有太大变化。

---

① "全日本劳动总同盟"是1921年在日本成立的一个工人运动全国性组织。1925年"总同盟"内部发生左派和右派分裂，从"总同盟"中分离出来的左派随后成立了"日本工会总评议会"。目前这两个组织同为日本最大的四个工会组织之一。——译者注
② 即"原子力规制委员会"——译者注。

负责教育、文化事务的文部科学省也是核电推进派。这主要源于2001年行政改革后，原文部省和科学技术厅合并组成文部科学省。由于科技厅一半以上的预算经费都与核能有关，所以文科省几乎不可能有"脱核电"的动向。文科省也设有"原子能安全科""原子能研究开发科"等机构，且将核电定位为日本不可或缺的能源。

文科省审定的教科书中也将核电作为未来能源，给予了积极评价。为了推进核能研究和利用，文科省向地方政府下拨"原子能、能源教育支援项目专项资金"，同时规定拨款的3成以上必须用于核能相关领域，这个"核能限定"条款至2012年度才得以废除。

产业界推动核电的中坚力量不用说，就是电力公司和核反应堆制造商。10家电力公司的联合组织"电气事业联合会"（电事联）的总部就设在"日本经济团体联合会"（经团联）[1]会馆内。核反应堆三大生产制造商分别是东芝、日立和三菱重工。三菱重工参与制造了著名的快速增殖核反应堆"文殊"，可从乏燃料中提取钚来发电。据说快速增殖核反应堆顺利运转后利用钚来发电，可缓解乏燃料堆积问题，但实际上"文殊"不断发生事故、故障，至今已投入预算达1万亿日元，投入使用的那天却遥遥无期。

在学界，东京大学工学部、东京工业大学核反应堆研究所、京都大学核反应堆实验所等科研院所从电力公司和政府处获取了充裕的研究经费。因此，呼吁"脱核电""反核电"的研究者难以晋升教授，反核的小林圭二、小出裕章、今中哲二等人至今仍是讲师或助教。[2]安斋育郎在立命馆大学讲授和平学，其专业原本为核能工学，他曾是东京大学工学部核能工学科1960年设立后招收的第1届共15名学生中的1人。安斋在东京大学从事研究工作的17年时间里一直只是助手身份。此外，致力于水俣病研究的东京大学宇井纯，也是直到退休都在助手的位置上，无法晋升。

---

[1] 社团法人日本经济团体联合会与日本商工会议所、经济同友会并称"经济三团体"，以东京证券交易所部分上市企业为中心构成。2002年5月由日本经济团体联合会（经团联）与日本经营者团体联盟（日经联）统合而成。——译者注

[2] 广濑龙、明石升二郎：《揭露核电的阴暗》，集英社。

新闻界内长期占据主导地位的也是支持核电的论调。正力松太郎的《读卖新闻》以及与经济界、自民党关系密切的《日本经济新闻》《产经新闻》等报纸是绝对的核电推进派。《朝日新闻》也从20世纪70年代起开始刊登记者大熊由纪子、评论员岸田纯之助等人宣扬核电安全性和必要性的报告文学与评论。

不管怎么说，电力公司广告是报社、电视台的一项重要收入来源，站在经营的角度上，与电力公司作对的报道不可能受欢迎。电力公司常常邀请著名艺人以及各界名人出镜，刊登整版篇幅的广告，这些公司对报社来说是不可多得的广告金主。举个例子，大约在福岛第一核电站事故发生半年前，2010年11月11日的《日本经济新闻》第12版整版都是核电站广告——在职业棒球乐天队教练星野仙一和家庭主妇以及孩子们的合影旁打出一句口号："以发电时二氧化碳零排放的核电为主导，关西电力努力实现电力低碳化。"

（2）发放给核电站落户地政府的补助金

要想推动核电站选址落户，就必须调动地方的申请积极性，同时还得压制当地的反核活动。达到目的的撒手锏就是给地方拨付补助金。1974年，《电源开发促进税法》《电源开发促进对策特别会计法》《发电用设施周边地域整备法》（即所谓的"电源三法"）出台。根据"电源三法"，电力公司需向国库缴纳电源开发促进税，这部分税款允许通过上浮电价的方式征收。以电源开发促进税的名目缴入国库的资金，最终经由"电源选址促进对策补助金"等形式拨付给地方政府，用于推动核电站建设。

福井县境内，隶属于关西电力公司和日本原子能发电所的核电机组共有13座。1974～2009年度，国家拨付给福井县以及核电站周围市、町、村（敦贺市、美滨町、葵町、高滨町）的"电源三法补助金"共计3245亿日元。[①]此外，还有502亿日元的大额匿名捐款。这些匿名捐款来自关西电力等处。

---

① 《朝日新闻》，2011年11月4日。

由此可见，只要接受核电站落户，地方财政就能得到丰厚的资金。

1983年1月26日，敦贺市市长高木孝一应石川县志贺町广域商工会的邀请发表演讲。志贺町当时是北陆电力公司的核电站建设候选地。在演讲中，高木市长表示"只要引进核电站，巨额资金就会从天而降。手快者胜"，并明确表示除了"电源三法补助金"外还有"好处费""赞助费"等款项入账。演讲的最后，高木总结道："嗯，至于说100年后人们会不会生出畸形儿，或者50年后出生的婴儿会不会都是畸形儿，这个不清楚！虽然不清楚这些后果，但是，在现阶段，引入核电站不也是一个很好的选择吗……我就是这么想的。谢谢各位。"据说此番言论后，会场响起了热烈的掌声。[①]

1993年，北陆电力公司在志贺町修建并运行1号机组，2006年，2号机组也投产运行。2011年3月11日东日本大地震后，两座机组都停止了运行。日本原子能发电所旗下的敦贺核电站两座机组也处于停运状态。补助金确实能给市、町带来丰厚的财政补贴，可核电站一旦建成就再也无法迁出。敦贺市高木市长的发言只关注眼前得失，缺乏对子孙后代繁衍生息的故乡的热爱。

"核能利益集团"不仅通过金钱给媒体施加影响，鼓动地方政府和当地居民主动申请修建核电站，还采用各种手段压制反对核电的地方政府领导和政治家。2006年，福岛县知事佐藤荣佐久就因此被迫辞去知事一职，政治生涯被扼杀。

福岛县双叶町修建有福岛第一核电站6号机组，当时正在进行"钚热利用"（Pluthermal）[②]计划，该计划使用乏燃料中提取的钚在轻水反应堆中燃烧进行发电。"钚热利用"被视为快速增殖反应堆"文殊"的替代品，后者因为事故、故障不断而无法发挥效用。最初，佐藤荣佐久对引进"钚热利用"计划持积极态度，但在调查的过程逐渐发现其安全方面存在巨大隐患，同时对无部门承担危机管理职责这种不负责任的官僚机构体制感到恐惧。

---

① 内桥克人：《日本核电哪儿错了》，朝日新闻出版，2011年。
② 钚热利用（Pluthermal）这个词是将钚（plutonium）与热中子反应堆（thermal neutron reactor）中的thermal组合而成的日式英语。——译者注

2002年，佐藤知事宣布"将取消'钚热利用'计划的引进工作"。之后，各方施加给佐藤的压力倍增。最终佐藤被扣上贪腐罪名，称其在福岛县招标的大坝修建工程项目中为其弟弟的公司提供方便。

负责调查此案件的是"特搜检"铁腕人物前田恒彦检察官。此人后来因篡改证据，给厚生省雇用均等与儿童家庭局局长村木厚子强加了莫须有罪名而出名①。前田检察官纠缠不休的审讯不仅针对佐藤本人，还涉及佐藤的支持者。因无法忍受对其支持者及家人造成的困扰，佐藤最终辞去知事一职。②

河野太郎虽身为自民党众议院议员，却保持高风亮节，坚持反核。河野对"核能利益集团"的构成进行了如下描述：③

> （核能利益集团）核心是自民党、经济产业省以及电力公司。自民党从电力公司那儿收受钱财，在制度层面铺好路，方便给核电站落址地政府下拨补助金。经产省指示电力公司出资成立公益法人，安置（经产省）部门内退休高官。再加上东芝、日立等生产制造商，包括建筑行业等产业界也都助推核电站建设。电力公司给大

---

① 2009年4月,对外宣称为残障团体的"凛之会"创办者仓泽邦夫被大阪地方检察厅特搜部逮捕。其涉嫌违反《邮政法》,利用伪造的残障团体证明书冒用残障人士才能享有的邮费优惠政策来大量发送企业广告以降低成本。负责侦办此案的就是号称"王牌检察官"的前田恒彦。2009年6月14日,前田恒彦逮捕了厚生省局长村木厚子,前田认为正是村木下令让下属将伪造的残障团体证明书发放给了"凛之会"。2009年7月4日,大阪地方检察厅正式起诉村木。但随后审理法官发现该案的关键证据——伪造的残障团体证明书在出具时间上存有疑点。负责该案公诉的检察官为此与前田沟通、商讨相关事宜和对策。不料,前田却在谈话中自爆曾经篡改过该案的重要物证——在被告人下属家中查扣的软盘资料内容。因该软盘资料中关于伪造和出具残障团体证明书的时间与起诉书的指控不一致,前田担心会对检方立证有妨碍,为使指控与证据一致,遂篡改了软盘中的内容。该公诉检察官获悉后不敢隐瞒,将此情况报告给了大阪地方检察厅特搜部副部长佐贺元明,并主张被告人村木无罪,应向社会公开此事。佐贺随即又汇报给大阪地方检察厅特搜部部长大坪弘道。大坪为维护本部门声誉,决定隐瞒事实真相,但该案最终因日本媒体的跟进而遭到曝光。真相一经披露,日本社会一片哗然。日本最高检察厅更是大为震惊,迅速对此案展开专门调查。最终前田因湮灭证据罪被判刑1年6个月,大坪和佐贺两人也因包庇罪被革职并被送上法庭。——译者注
② 佐藤荣佐久：《福岛核电站的真相》,平凡社,2011年。
③ 《朝日新闻》,2011年5月5日。

学提供研究经费，培养为自己说好话的御用学者。收取巨额广告费的媒体对核电背后利益纠葛的各方姑息纵容，沆瀣一气。如此，政党、政府、产业、学界、媒体五方共同杜撰了核能"安全神话"。

地震工学专家、神户大学名誉教授石桥克彦从20世纪90年代开始就指出日本有可能发生大地震，并警告核电站存在危险隐患。2001年，石桥担任原子能安全委员会耐震指针研讨分科会委员，2006年，由于认为分科会提交的报告"低估了活跃断层程度以及发生地震的可能性"，他辞去委员一职。也就是说，分科会报告的前提就是力图使现有的每座核电机组全都符合条件。石桥辞职时说了这样的话："到最后，对于分科会的真面目也好，本性也好，我算是看清楚了。而且也再次深入了解了日本的核能安全管理究竟是怎么一回事。"

对于"3·11"福岛第一核电站事故，东京电力公司和原子能安全委员会方面辩称大地震和大海啸超出了预估，他们无能为力。但事实上，早在事故发生前就有学者和专家发出过警告。1970年7月15日，战后日本基本粒子理论研究骨干、物理学者武谷三男在"柏崎核电站反对同盟"制作的宣传单上写道，在地震多发的日本，"按照现有方式实施现有规划中庞大的核电计划，是多么恐怖的事，想起来就令人毛骨悚然"。

前文提到的京都大学助手小出裕章，早在"3·11"福岛第一核电站事故发生的16年前就曾说过："差点酿成大事故的中事故，在日本全国不断上演。真担心什么时候会发生重大事故。"①

一方面有石桥、武谷、小出以及前文提到的水户、河野这些秉持业界良心的人，他们的行为正所谓"论是非，不论利害；论顺逆，不论成败；论万世，不论一生"（［清］黄宗羲《宋元学案》）。另一方面也有聚集在"核能利益集团"周围，为了金钱和地位故意歪曲事实的人。从历史的长期视角来看，是非曲直便一目了然了。

---

① "与国学院大学菅井益郎的对谈"，《滴》，1996年4月号。

5. "脱核电"可能吗?

核电推进派声称，煤炭、石油等化石燃料终将耗尽，所以必须开发以铀为燃料的核电。

不可再生能源数量分为总储量和已探明储量两种。总储量里包括现有技术条件下无法开采的部分，实际能够利用的部分就是已探明储量。全世界每年的能源消耗量换算成卡路里是0.4×10^{21}焦。石油的探明储量为6.27×10^{21}焦，仅相当于全世界15年的能源消耗量。不过，核电燃料铀的探明储量也并不比石油多。

自然界中的铀，有铀235和铀238两种，现在能用于核能发电的只有铀235。在已探明的铀储量中，铀235仅占0.7%，剩下的99.3%都是铀238。铀238自身难以发生核裂变，要加以利用，需使用快速增殖反应堆"文殊"将之转换成钚。[①]但"文殊"事故、故障不断，投产遥遥无期。铀235的探明储量为2.1×10^{21}焦，只有石油的1/3，核电根本无法取代火电承担起长期电力供给的重任。

无论从环保还是安全性的角度看，核电都问题重重，并且核燃料铀235的储量也并不丰富。如果不靠缺陷颇多的核电，是否就无法保障电力充足供应呢？答案是否定的。现实中就有不涉足核电却照样顺利运营的电力公司。

让我们跟随学者长谷川公一的研究，看看美国加利福尼亚州萨克拉门托

---

① 小出裕章：《想告诉孩子们的禁核电理由》，东邦出版，2011年。

县公用事业公司（SMUD）是如何成功"脱核电"的。[1]

SMUD是萨克拉门托县政府下属的特殊事业公司，所谓特殊事业公司是在特定区域提供特殊服务的地方行政机构。1989年6月6日，萨克拉门托县举行居民投票，决定关闭牧场山核电站（Rancho Seco）。此后，SMUD开始探索关闭核电后新的电力供应方式和公司经营模式。

翌年，SMUD迎来了新总裁——65岁的戴维·弗里曼。弗里曼在1977~1984年担任田纳西河流域管理局（TVA）董事长[2]期间关停了8座核电机组。田纳西河流域的开发是美国罗斯福新政的一环，TVA因负责此项目闻名于世。

为确保核电站关停后稳定供电，弗里曼着力推进员工意识变革并采用自下而上式的企业经营方式。继任总裁——女律师简·肖莉继承了这些经营方针。

SMUD采用的"节电计划"主要由以下5个项目组成。

①开展节电产品的普及、研发运动。通过给消费者发放奖金的形式，鼓励节能型冰箱、空调、照明设备更新换代。

②对合约家庭实施强制性定时断电，并通过电价折扣加以补偿。

③面向住宅、写字楼等设施开展隔热保温措施咨询及检查工作。

④至2000年前免费提供50万棵树木，通过植树实施"绿色空调"计划，防止阳光反射、热岛现象，减少二氧化碳的排放。

⑤推广太阳能热水器、太阳能发电装置等设备。

SMUD通过以上各种节能措施提升了业绩，经营上完全不输于同地区作为竞争对手的其他电力公司。1993年，民营电力公司太平洋燃气电力公司（PG&E）平均电费单价为10.61美分/度，南加州爱迪生电力公司（SCE）为10.18美分/度，SMUD则低至7.25美分/度。同期经营规模上，PG&E和SCE的

---

① 长谷川公一：《"脱核电"社会的选择——新能源革命时代（增补版）》，新曜社，2011年。

② TVA是一个既享有政府权利，同时也具有私人企业灵活性和主动性的公司型联邦一级机构。其领导机构为由三人组成的董事会。——译者注。

签约户数（单位和家庭）、销售电量、销售收入、发电设备容量、员工人数等大约为SMUD的10倍。按说"规模经济"的优势应体现在PG&E和SCE公司身上，但实际向用户低成本供电的却是SMUD。

长谷川公一著作的初版刊行于1996年。也就是说，在福岛第一核电站事故发生15年前，长谷川就已经给出了"脱核电"模式的具体发展道路。增补版发行时，长谷川再次调查了SMUD后来的发展情况。据说SMUD的签约户数从1993年的47万户增加到60万户。在消费者对电力公司满意度的调查中，SMUD在加利福尼亚州独占鳌头，且位列全美第5。在以企业用户为对象进行的满意度调查中，SMUD仍然雄踞加州第1，位列全美第2。电价方面，SMUD依然维持着比PG&E公司低25%的价位。此外，SMUD给60万户企业和家庭免费安装了"智能电表"（利用信息设备的用电功率表），进一步倡导节能省电。

6. "脱核电"时代的新能源

若政府能带头出台"脱核电"政策当然最好，但现在看来很难。因此，通过公民投票或居民投票给政府施加压力也不失为一个办法。

澳大利亚、瑞典、瑞士、意大利、立陶宛等国已成功进行核电相关公民投票，明确了"脱核电""反核电"的方针。在日本，新潟县卷町于1996年8月、新潟县刈羽村于2001年5月、三重县海山町于2001年11月进行了居民投票，无一例外都是核电反对派取得了胜利。[1]

近年，采用"智能电网"（智能电力系统）方式的节电模式成为新的趋势，得到大力推广。经产省资源能源厅2008年报告显示，"传统的集中式发电与输电系统的一体化运作"加上"太阳能发电以及用户需求信息的整合利用"，能够构筑高效、高质、可靠的供电系统。[2]智能电网通过智能电表等促进节能，这一点确实是崭新的尝试，只是可惜没有触及既有的发电、输电系统，当然这与电力行业创新的出发点有关，即在保留核电的前提下探索有效使用夜间剩余电力的途径。电动汽车和全电气化住宅（all-electric house）[3]的推广也一样，其目的都是为了在电力需求较少的夜间也能保持核

---

[1] 今井一：《"核电"公民投票》，集英社，2011年。

[2] 横山明彦：《智能电网》，日本电气协会，2010年。

[3] 全电气化住宅是指不利用天然气或煤气，而是巧妙利用自然能源（如太阳能）和少量电量来为家庭内的制冷供热、供热水、做饭等所有生活系统提供能源供应的一种节能环保的生活方式。——译者注

电的运转。

那么，"脱核电"时代该如何供给能源呢？

在福岛第一核电站事故发生整整半年前，纪实作家广濑隆曾预想过日本发生重大核电事故的后果，并给核电敲响了警钟。广濑说：

> 日本原本就是地震多发的国家，现在又进入地震活跃期。一旦核电站发生重大事故，电力供应势必集中负荷到大型发电厂上，到时候日本人的日常生活和企业的正常活动都将无法得到保证。况且，大家明明知道核电站重大事故的赔偿额巨大，往往超过100万亿日元，无论是政府还是经济界，谁都负担不起，那为何仍将国家的命运交给如此危险的核电呢？这实在让人费解。电力公司也好，政治家也罢，乃至媒体，都是爱核能而非爱日本。[1]

早在20多年前，广濑就详细调查了美国军、产、金融复合体的人脉关系，主张日本应立足于与亚洲各国的共生共荣。广濑还著有《核电站选址东京吧》（集英社新书，1981年）一书，很早就表明反对核电的立场，并提出反问："如果那么安全的话，怎么不把核电站建在东京？难道因为人烟稀少的沿海地区居民死不足惜吗？"

广濑推荐的发电方式有以下三种：[2]

第一种方式是燃气—蒸汽联合循环发电（Gas Turbine Combined Cycle Generation）。使用天然气为燃料，利用天然气燃烧时产生的喷气动力驱动燃气轮机。然后将燃气轮机产生的600℃废气引入锅炉，生成水蒸气，驱动高压、中压、低压三个蒸汽轮机运转。这种发电方式利用了喷气动力和热能两种能源。东京电力公司川崎发电厂采用该技术，能源利用率达到59%，是核电效率的两倍。

---

[1] 广濑隆：《二氧化碳导致全球变暖学说的崩溃》，集英社，2010年。
[2] 同上。

常规天然气的已探明储量的确有限，但还可使用煤层气、致密砂岩气、页岩气等非常规天然气，而且煤炭的已探明储量丰富，如果煤炭气化技术投入实际使用，燃气蒸汽联合循环发电的有效性还将进一步提高。整体煤气化联合循环发电系统（IGCC）相关实验正在进行中。位于磐城市的清洁煤炭发电研究所已采用IGCC发电方式，向东北电力公司供应了25万千瓦的电量。[①]

第二种发电方式是热电联产发电（Cogeneration）。对发电产生的电能和热能同时加以利用，可以增至90%的能效。位于东京中央区筑地的明石町地区冷暖供应中心，就在圣路加国际医院地下二层设置并同时运行燃气发电机、制冷机、热水供应设备。

广濑推荐的第三种发电方式是家用燃料电池——一种名为"能源农场（ENE·FARM）"的小型发电机。"能源农场"通过从燃气公司输送的天然气（主要成分为甲烷）中提取氢用来发电。过去，"能源农场"价格不菲。现在大阪燃气公司已研发出新产品，每台售价降至260万日元。而且，日本政府对"能源农场"每台补贴140万日元。这种燃料电池的发电原理如下①~③所示：

①氢元素（H^+）被输送至负极后，质子进入高分子膜，留下带有负电荷的电子，电流产生（发电）。

②电子到达正极时，通过高分子膜的质子也到达正极，正负中和。

③输入氧（空气），发生氢、氧反应（发热）。

火电厂送电到各家各户的途中会损耗60%电量，能源利用率仅40%。核能发电站因选址偏远导致电力损耗更多，利用率只有30%。与此相对，"能源农场"因家庭内部发电且对电能和热能均加以利用，能源利用率高达94%。此外，"能源农场"还可使用氢气、甲烷、液化气、乙醇、粪尿等，

---

① 《朝日新闻》，2011年11月9日晚报。

能源种类广泛。同时，"能源农场"发电、发热的产物只有水，能大幅减少二氧化碳排放量。

燃料电池研发相关企业有东京燃气、松下、JXTG能源公司旗下ENEOS、JOMO、出光兴产公司、科斯莫石油公司（COSMO）、昭和壳牌、日本电报电话公司（NTT）、东邦燃气、住友精密工业、大阪燃气、京瓷、丰田自动车、爱信精机、积水建房公司、旭化成、本田等。石油公司一向被认定为导致全球变暖的元凶，但同样可以通过革新自身的能源战略获得新生。

在日本，因薪酬高、形象明丽光鲜，电力公司一直颇受学生求职者欢迎。相反燃气公司给人的感觉朴素得多，人气也不太高。如果考虑到环境和能源问题，可以说燃气公司是很有前途的就业选择。

如此，若能将"能源农场"普及到亚洲各国，则有望阻止核电在亚洲的扩散。这是一项能够兼顾商业与环保的充满梦想的事业。

笔者希望年轻的读者们能够从日本核电事故及核辐射污染的惨痛经历中汲取经验教训。

第一个经验教训——地震、海啸是天灾，而核电站事故是人祸。福岛第一核电站事故的背后，是日本松懈的核电危机管理以及一群追逐核电利益、权力的人。事故发生之后，日本仍有不少人认为有保留核电的必要，这些人只看到眼前的狭隘利益，根本没意识到日本应该对污染世界环境一事负责。

第二点，核能发电这项技术，不仅发生事故时相当危险，即便正常运转也存在着诸多问题。就成本而言，也并非比其他发电方式更便宜。而且，核电站源源不断地产生无法处理的放射性废弃物，环境负担非常大。

第三点，正如"脱核电"发展模式所展示的那样，今后，节能技术、天然能源技术在商业领域将前景可期。

中日两国的政府和经济产业界中，核电推进派都占多数。在亚洲，韩国、中国、中国台湾、印度、巴基斯坦已有核电机组在运行，越南、马来西亚、印度尼西亚、泰国、孟加拉国等也计划建设核电站。

在这种情况下，亚洲全域暴露在放射性污染风险中的日子已不太遥远。发电后产生的钚等放射性核废料也会越积越多。日本如果仍然维持以往的核电推进政策，一旦邻国发生核电事故或者随意排放放射性废物，到时日本连抗议的资格都没有。

如此看来，今后日本所能做的唯有制订核电站关停日程表以及向新的能源政策进行转换。早在1999年，奥地利就将"脱核电"写入了宪法。福岛第一核电站事故发生后，德国默克尔政府也再次确认了"脱核电"的既定方针。丹麦、比利时、瑞士、意大利、瑞典等国均主张"脱核电"。这些欧洲国家已经在构筑可再生能源和节能产业模式的道路上迈出了崭新的一步。现在正是需要日本向亚洲其他国家和地区展示出"脱核电"发展模式的时候。

第

6

章

迈向和平共生的亚洲

东亚地区有中、日、韩以及东盟10国，规模巨大，人口是欧盟（EU）的5倍，面积是其3.5倍，两个地区的GDP总额基本相当。

尤其中国，继成功举办北京奥运会和上海世博会后，GDP总量在2010年超过日本，跃居世界第二大经济体。经济的持续快速发展，产生了庞大的资源、能源需求，同时深刻影响着世界经济动向。中国国内诞生了富裕阶层和中产阶层的同时，也存在着地区差距和收入差距扩大、环境污染日益严峻等各种问题。

毗邻这样一个内外问题不少却又快速发展的大国，日本该如何与之还有亚洲其他国家和地区相处呢？在本章中，笔者试图说明日本可以通过与亚洲特别是与中国的经济交流，对包括中国在内亚洲的市场经济规范确立与社会稳定做出贡献。

近年，中日两国民众感情持续恶化。可是，对彼此怀有憎恶感或敌意，关闭心房，是解决不了任何问题的。这种现状必须改变。在这个问题上，中日两国年轻人在推动相互理解与国际交流方面任重道远。

1. 中国式经济发展模式

（1）经济快速发展带来的问题

GDP超越日本说明中国经济增长势头迅猛，但是，快速的背后也隐藏了一些问题：

第一，在中国经济发展及市场化、国际化进程中，外商投资企业发挥了巨大作用，这一点与二战后依靠国内资本实现经济高速增长的日本截然不同。

第二，在现有政治经济紧密结合型的体制下，中国企业忙于追逐眼前利益的行为妨碍了市场经济的规范化以及公正交易规则的确立。裁员普遍化、收入差距逐渐扩大、不重视企业社会责任（CSR）等问题给中国社会增加了不稳定因素。

第三，在资源短缺和环境污染形势日益严峻的当代，大量生产、大量消费的资源掠夺型经济发展方式已到极限。

上一章已提到，中日两国都在推动核电项目发展。在今后的发展中，只要继续一味地追求提高生产力，中国未来的能源需求必将暴增。若按现今的发展模式持续下去，环境污染只会越来越严重。要扭转这种趋势，就不能依靠核电或火电，必须尽快普及节能技术，转向利用可再生能源。

（2）外资在中国经济中的地位

在中国经济高速发展及市场化、国际化过程中，外资发挥了巨大作用。

有观点甚至认为，中国经济陷入了"外资依赖症"①。

以直接投资方式来划分，外商投资企业（含港澳台企业）主要分为外商独资企业、中外合资经营企业、中外合作经营企业三种。其中，外商独资企业为企业资金100%由外商出资的企业，在境内外资企业中所占份额最大。既然是独资，外商有权自行决定经营管理方式。最近20年独资企业急剧增加。

1998年，独资企业占外商直接投资总量的38%，此后这一比例猛增，2015年达75%，2016年达68%。截至2012年的累计数据显示，独资企业在763398家外商投资企业中占53%，在13529亿美元的外商直接投资总额中独资企业占58%②。

从外商投资企业的投资领域来看，制造业最多。截至2012年的累计数据显示，已签约的28330亿美元投资总额中，制造业达16310亿美元，占57.6%。这反映了在工业领域中，外商投资企业的分量不容小觑。

全国工业企业（年销售额500万元以上）生产总额中外商投资企业所占比例，1990年仅为2.8%，2003年增至25.9%，之后一直维持在30%左右。2016年在全国工业企业中，外商投资企业占工业资产的19.6%、销售额的21.6%以及利润总额的24.5%③。

就业方面，外商投资企业也为中国经济做出了巨大贡献。2016年工业就业人数9475.6万人的23%（即2179.4万人）是由外商投资企业贡献的。④

对外贸易方面，外商投资企业发挥的作用更大。进出口中外商投资企业所占比例自20世纪90年代出现迅猛增长，进入21世纪后继续维持上升态势。1986年，外商投资企业仅占全国出口总额的1.9%、进口总额的5.6%，到2005年，进、出口额均达全国总额的近6成。2012年，外商投资企业出口额为10227亿美元（占出口总额的50%）、进口额为8712亿美元（占进口总额的

---

① 彩华：《外商直接投资与中国经济发展》，经济科学出版社，2009年。
② 中华人民共和国商务部：《中国外资统计》（2013版）。
③ 《中国统计年鉴》（2017版）。
④ 同上。

48%），分别是1990年的131倍和70倍[①]。相较同期中国全国出口总额增长33倍、进口总额增长34倍而言，外商投资企业出口额增速明显。中国的出口攻势在海外引起贸易摩擦，这是导致"中国威胁论"横行的原因之一，但事实上一大半的出口是由外商投资企业完成的。

以上论述说明外商投资企业对中国经济发展及出口贡献巨大。从国家或地区来看，外商直接投资最多的是中国香港以及维尔京群岛这种自由港，但这是因为大量大陆企业先在该地注册成立公司后，再以外资身份返回大陆投资。除此之外，截至2012年，对华直接投资最多的是日本。由于2012年中日间围绕钓鱼岛产生政治摩擦，所以从2013年起日本对华直接投资持续减少，先后于2013年、2015年分别被新加坡和韩国超越。尽管如此，日资企业仍然能够对中国的经济发展及市场经济规范的确立产生一定影响。

---

① 中华人民共和国商务部：《中国外资统计》（2013版）。

2. 中国市场经济的规范化

（1）新型国有企业的抬头

改革开放的前20年里，中国国有企业经营低效，赤字频现，被视为国家财政的包袱。除开一部分战略性大型国企，多数国企亟需民营化改革。不过，从20世纪90年代末开始，国企经营情况悄然发生变化，这就是新企业家登场带来的国企复苏。

例如，中国最大的粮食、食用油、食品经销企业中粮集团，从1998年开始大规模裁员以解决国企体量过大问题（即所谓"国企恐龙病"）。裁员后，集团原有的43家子公司中仅保留6家，其余均被剥离，员工人数也由原来的12万人锐减至1万人。

1992～2004年担任中粮集团董事长的周明臣委托美国麦肯锡公司对中粮集团进行了彻底的重组改制、裁员，将除涉及国家政策性业务外的所有资产转移至香港的上市公司。1994年，集团总资产达到200亿元，跻身世界500强。

2005年，中粮集团新董事长宁高宁上任。宁此前任职于中国香港华润集团。众所周知，华润集团隶属于原对外经济贸易部，是其驻港代理机构，投资涉及贸易、房地产、制造业、海运、陆运、金融、零售、酒店等诸多领域。2006年，经国有资产监督管理委员会（以下简称国资委）批准，中谷粮油并入中粮集团，后者因此一举成为中国最大的粮食、食用油经销企业。对此，宁曾表示"多亏国务院和国资委的协助与支持"。

围绕国企重新评价，推进国企改革重组的这种方针转换，事实上也与国资委作为行政机构找到了自身出路有关。

回溯中国行政改革历史，2003年第十次全国人民代表大会通过了将国家经济贸易委员会部分职能改组至国资委的决议。就当时推进国企民营化的方针来看，不论是国资委的职责也好，还是其组织架构也好，都呈现出路越走越窄的倾向。但其后不久，国企民营化进程被踩下了刹车。造成这一变化的原因之一，是2003年国资委主任李荣融赴新加坡考察。

李荣融考察新加坡后表示"给了国资委很大的启发"。尤其访问新加坡国有企业淡马锡控股公司使他受益良多。淡马锡公司由新加坡财政部100%控股，CEO何晶是首相李显龙的夫人。淡马锡公司作为第一大股东的主要投资对象包括星展银行、新加坡航空、新加坡电信、新加坡地铁、海皇航运、新加坡电力、新传媒、海峡时报、新加坡动物园等。

结束对淡马锡公司的考察后，李荣融表示："国有企业的弊病不在所有权方式，关键在于现代化的企业治理（corporate governance）。"

华人国家新加坡，以国有企业作为国民经济的根基，建立起由精英主导，崇尚竞争的市场经济体制。中国在推进市场经济进程中，意图学习新加坡的"淡马锡模式"，这的确存在一定合理性。但是，新加坡是一个人口只有500万的城市国家，而中国人口数量庞大，特别是农村人口众多，两个国家差别迥异。中国必须解决一些诸如支援农村、建立广泛的社保制度等问题，这些都与新加坡面临的情况不一样。

结束国企民营化进程的标志性事件发生在2009年。当时，私营企业建龙重工集团计划并购地方性国企吉林省通化钢铁集团。根据并购计划，预定裁减1000名通化钢铁员工。7月24日，获知此消息的通化钢铁员工集会抗议，骚乱持续了10个小时。建龙重工副总裁、合并后的新公司总经理陈国军赶赴现场说明情况。在集体交涉的过程中，陈国军在通化钢铁办公楼内被反对派员工围殴致死。事件发生后，吉林省国资委宣布永久禁止建龙集团参股通化钢铁。①

（2）食品安全与企业行动

关于中国式市场经济的规范化问题，我们从政府与企业的关系来谈。在这方面，食品安全问题是最容易理解的。

2006年9月，上海发生"瘦肉精"中毒事件，波及9个区、300余人遭难。事件源于某批发商从浙江海盐牲畜屠宰加工厂购入的猪肉中含有盐酸克伦特罗——一种治疗支气管哮喘的药物。20世纪80年代，美国发现将这种药物混入饲料中喂食生猪，可以增加猪肉中瘦肉的比例。中国早就明令禁止饲料中添加盐酸克伦特罗，但仍有养殖户为提高瘦肉率而违法使用。

由于引起食物中毒的猪肉均已取得合法食品检疫证明，因此问题聚焦到上海的食品检疫制度上。按照规定，上海食品药品监督管理局要对生猪养殖场进行定期检查，对所有的屠宰加工场按5%的比例进行生猪尿液抽样检测，但在实际工作中并没有完全按照规定进行。针对养殖户的检查只是到现场走过场似地粗略检视，这被揶揄为"蜻蜓点水"。由于缺少强有力的惩罚措施，一些屠宰场也不按规定严格检测。例如，有些屠宰场没有配备相应的尿液检查设备，导致没有能力检测。某些屠宰场虽然检测设备齐全，却没有按照规定在检测后至屠宰前保证留有12小时的待宰时间以观察、检测疫病，而是效率优先，快宰快杀，使检测流于形式。

在中国农村，发生了更加恶劣的食品安全事件。安徽阜阳农村自2003年起有百余名婴幼儿出现了同样的异常症状——四肢短小、身体消瘦、头部巨大、脸部浮肿。有的婴儿出生时体重4kg，6个月后反而只有3kg。

2004年4月，受温家宝总理指派，由当时的国家质量监督检验检疫总局、国家工商行政管理总局、卫生部派遣6人专家调查组，会同安徽省政府

① 张志学、张君：《中国企业的多元解读》，北京大学出版社，2010年。

进行联合调查。在对2003年5月1日以后出生的16000名婴儿进行筛查后，查出轻、中度营养不良患儿189例，重度营养不良患儿28例，死亡12例。问题出在乳成分遭故意稀释的劣质婴幼儿奶粉上。45家劣质奶粉生产厂家因此受到调查，其中两家无厂名、厂址，剩余43家虽为登记注册企业，但其中20家没有婴幼儿配方奶粉生产资质。

制售劣质婴幼儿配方奶粉的厂家中，还有占据中国奶粉市场最大份额（18%）的三鹿集团。三鹿集团在1983年创办于河北省石家庄市，与新西兰的合作社集团[①]——恒天然集团合作成立有合资公司（三鹿持股56%，恒天然持股43%），曾先后获得"国家饮品企业环境合格单位""河北省食品工业优秀企业""石家庄市利税大户""文明单位"等多项荣誉。中央电视台播放的三鹿奶粉广告由《红楼梦》中王熙凤的扮演者、知名演员邓婕出演，广受瞩目。

但是，这家在全国拥有这么高知名度的企业却违法生产劣质产品。销往农村市场每袋售价18元的低价位三鹿婴幼儿配方奶粉中，不仅掺入了大豆蛋白粉，还添加了三聚氰胺。

1987年，三鹿通过将2000头奶牛出售或租借给河北农户的方式，将众多奶农聚集旗下。在此基础上，由石家庄市政府、三鹿、奶农三方共同出资建立奶站。此后，三鹿快速发展起来。2003年，三鹿签约奶农饲养奶牛数量超过14万头，年销售额达30亿元。快速发展也带来了问题。对奶站疏于监管，最终导致三聚氰胺问题爆发。2009年，三鹿集团董事长田文华被判处无期徒刑，三鹿集团宣告破产。销售、添加三聚氰胺的数名相关人员被处以死刑或有期徒刑。石家庄市市长也被免职。

不仅三鹿存在向奶粉里添加三聚氰胺的问题，很多厂家也都牵涉其中。在中国，是以奶粉中的含氮量为基准来测定奶粉品质，因而不少企业往奶粉中添加三聚氰胺，以此提高掺入大豆蛋白粉后被稀释的氮含量。2007年，投

---

① 恒天然采用合作社模式，类似日本的"生活協同组合"。——译者注

诉因食用三鹿婴幼儿配方奶粉致病的患儿家长，最多的一天竟有6244人，其中患儿死亡3人。2008年9月，当时的国家质量监督检验检疫总局调查了154家奶粉生产企业，其中20家企业的31份样品中检测出了三聚氰胺。

受此事件影响，2008年9月18日，国务院办公厅废止了自1999年12月5日起开始实施的针对大型企业的食品质量免检制度，并从翌日开始对奶粉生产企业展开大规模质量检查。全国150家国家级食品类质检中心和实验室针对共占市场份额70%以上的蒙牛、伊利、光明、三元、雀巢等厂家产品进行了质量检测，结果除三元和雀巢以外的所有产品中都检测出三聚氰胺。出问题的多为三鹿集团厂家，部分产品每千克奶粉中三聚氰胺含量高达6.2克。[①]

在食品安全事件频发的背景下，2009年6月1日起，新的《食品安全法》生效。根据新《食品安全法》，国务院设立食品安全委员会作为统筹管理食品安全事务的专门机构，在此之下，卫生部承担食品安全综合协调职责。监督部门采取分工合作方式，由当时的国家质量监督检验检疫总局、国家工商行政管理总局和国家食品药品监督管理总局分别负责食品生产加工、食品流通、餐饮服务行业的监督管理工作，各地方由当地出入境检验检疫局、质量技术监督局、工商行政管理局、食品药品监督管理局负责具体的监督管理。新法的一大特点就是尽可能避免部门间条块分割的弊端。不过，新法出台前并非没有食品安全相关法规，也并非没有相关监管部门。强化法律固然重要，行政取缔亦不可缺，若不改变只顾眼前利益的企业经营模式和企业文化，最终只会陷入企业违规、行政取缔这种无谓的恶性循环。

（3）伊利和蒙牛的企业文化

销售含三聚氰胺的奶粉企业包括伊利和蒙牛这两家总部设在内蒙古自治区的企业。

1983年，伊利的前身——呼和浩特市下辖回民奶食品加工厂成立。郑

---

① 柯志雄：《中国奶殇——中国奶业深度调查报告》，山西经济出版社，2009年。

俊怀任董事长后，伊利发展迅速，并于1996年成为内蒙古自治区首家上市企业。1999年，郑俊怀与其他20多名伊利高管出资成立华世商贸有限公司。

华世商贸有限公司开始着手收购呼和浩特市其他地方性国企持有的伊利股份，并使用一些"巧妙"的方式来筹集所需资金。其一，从伊利挪出150万元资金到华世的账户上用于购买伊利的法人股，事后又将这笔钱悄悄归还给伊利。其二，授意与伊利有贸易往来的奶业同行向银行贷款后再转借给华世，华世用这笔款项购入1500万元伊利股票，并以这些法人股作质押向银行融资，融资款返还给奶业同行。

之后，呼和浩特市国有资产管理局所持伊利股份被全部划拨至呼市财政局名下，其中的500万股有偿转让给已改名为"启元"的华世。自此，华世成为继第一大股东呼市财政局后的伊利第二大股东。

2002年，伊利销售额达40亿元，郑俊怀当选中国共产党第十六次全国代表大会代表。2003年，金信信托公司从伊利第一大股东呼市财政局手中购入股份，这背后就有伊利管理层的运作。

2004年，对于郑俊怀来说，事态发生了变化。有人揭发MBO[1]的做法涉嫌"侵吞国有资产"，郑俊怀被判处6年有期徒刑。2005年，35岁的潘刚接替郑俊怀担任董事长。并没有受到三聚氰胺事件影响的伊利，最终取代2008年破产的三鹿，坐上乳品市场份额第一把交椅。[2]

蒙牛与伊利有着不浅的缘分。除总部同在内蒙古自治区外，蒙牛董事长牛根生曾任伊利副总裁。

牛根生出身贫寒，刚满月就被亲生父母以50元卖给别人，从小随养父放牧。养母原为某国民党军官之妾，她曾多次带着牛根生前往熟人家，以战争

---

[1]　管理层收购（Management Buy-Outs，即MBO）是指公司的经营管理层利用借贷所融资本或股权交易的方式来收购本公司股份的一种行为。这种收购会引起公司的所有权、控制权、剩余索取权、资产等发生变化，改变公司的所有制结构。通过收购使企业的经营者变成了企业的所有者。国企实行MBO，如若监管不力，极易造成国有资产流失。——译者注

[2]　吴晓波：《激荡三十年——中国企业1978～2008（下）》，中信出版社，2008年。

期间托其保管过金银珠宝为由讨还钱财。对牛根生来说，那是一段屈辱的经历。后来，牛根生入职伊利前身回民奶食品加工厂当奶瓶清洗工，被总经理郑俊怀慧眼识英才，得以出人头地。

1992年，牛根生任冷饮事业部总经理兼集团副总裁。一次，总裁郑俊怀发奖金给他，让他买一辆高级轿车，但牛根生却用这笔奖金购入数台低档车分给了部下。见微知著，当时牛根生的口碑非常好，甚至外界一度传言"只知伊利有牛根生，不知有郑俊怀"。不知是否因此招致郑的不满，1998年牛被伊利解雇。

1999年，牛根生与原冷饮事业部的9名部下一起筹措1000万元资金成立了蒙牛。公司成立之初，既无奶源也无生产厂房和市场，业界排名仅在1116位。由于没有自有厂房，蒙牛采取与全国众多小微奶制品生产厂家进行变相联合的经营战略，通过标准化生产流程与产品，终于成功打响蒙牛品牌。蒙牛自身不饲养奶牛，没有运奶车，也没有鲜奶集配加工站，因此节省了饲养和运输成本。

蒙牛迅速发展壮大，2001年销售额达7.2亿元，一举跃升行业第4位。2003年，蒙牛成为"神舟五号"飞船发射赞助企业，2004年成为雅典奥运会中国代表团指定牛奶供应商。蒙牛还在港交所成功上市，筹集13.7亿港元资金。牛根生个人资产也达到1.3亿美元，登上中国富豪榜。

湖南卫视歌曲选秀类节目"超级女声"模仿自日本的一档节目"明星诞生"。"明星诞生"中成功走出过山口百惠、森昌子等众多知名歌手。2005年8月，"超级女声"收获7%的高收视率，这在各个地方电视台割据的中国非常罕见，还因此受到中央电视台和当时的监管部门国家广电总局的关注，被要求节目内容不要过分张扬。蒙牛正是"超女"的独家冠名赞助商。

蒙牛虽然是私营股份制企业，但从创立之初就在企业内部设立了党组织，蒙牛也因此得到中央及地方各级党组织和政府的支持。①

---

① 中国企业文化促进会：《中国企业文化建设调查研究报告：2007～2008年》，中国经济出版社，2008年。

作为一个出身贫苦的企业经营者，牛根生的经营哲学是以诚实为本：

> "小胜凭智，大胜靠德。认真成事，诚信造人。"
>
> "既然党和政府给了我们发展的机会，我们就要为党和人民做出贡献。"
>
> "产品质量的好坏就是人格品行的好坏。"

看似一帆风顺的蒙牛，因2008年的三聚氰胺问题陷入经营困境。自身没有任何设备，从饲养、收集配送到加工，生产环节全都委托给合作企业，蒙牛产品中混入三聚氰胺是必然的。牛根生的经营哲学很难说真正贯彻到了企业的实际运营中。2009年，前文提到的中粮集团成为蒙牛第一大股东，蒙牛因此获救。

（4）中国企业文化的三大特征

中国从较早时期就开始学习日式经营管理以及日本的企业文化。1978年10月，国务院派遣以袁宝华为团长、官方经济学家马洪和孙尚清、保守派代表人物邓力群等人组成的考察团赴日考察。当时，考察团曾表示，1976～1978年的中国企业和1945～1950年的日本企业面临的状况非常相似。随后的1983年，国家经济委员会副主任袁宝华提出"以我为主、博采众长、融合提炼、自成一家"，作为中国企业管理改革的十六字方针。[1]后来，中国虽然成功推动了市场经济化进程，但尚未构筑起成熟的企业文化。

中国的企业文化有以下三大特征：

第一个特征是极力追求劳动强化和成本缩减。孙立认为，"以人为本的管理"听起来不错，但实际上企业文化在这里成了劳动强化的一块遮羞布。[2]

---

[1] 王力平等：《文化浸润——中国企业管理的历史传承》，机械工业出版社，2011年。
[2] 孙立：《竞底：中国企业之殇》，山西经济出版社，2009年。

第二个特征是企业与地方政府联系紧密。以至于现在媒体上不乏"红顶商人""官商""政商"这类用于评价旧日民国时期企业经营者时常用的词汇。

第三个特征是成功的企业经营者大多采用的管理方式是部队式命令和纪律管制。陈平就是其中一人。他从日本留学归国后，开创了以孙悟空为图标的"宅急送"（快递公司），在公司管理上坚持实施早点名、列队、晨会、诵读企业理念、齐唱企业歌曲、升国旗以及全员寄宿制。陈平认为，之所以优先雇用农民，是因为他们吃苦顺从，容易适应部队式管理。包括陈平在内，推行部队式管理的企业经营者中不少人有过入伍经历，代表性人物有华为的任正非、海尔的张瑞敏、联想的柳传志、中粮的宁高宁、万科的王石、广厦集团的孙应信等。

中国的企业文化非常适合采用自上而下式的命令来动员员工，这样能有效地将员工团结到一起，协调步调。日式经营管理的特点则是重视员工培育，借助员工创新来推动企业发展，在关注企业自身发展的同时，肩负市场规范公正化以及履行企业社会责任等重任。长远来看，中国的企业经营若能借鉴吸收日式经营管理的长处，一定对中国社会的稳定发展大有裨益。

3. 通过经济文化交流实现亚洲国家和地区的和平共处

如前文所述，外商投资企业在中国经济规模扩大以及出口增长方面发挥了巨大的作用。同时，现有中国式市场经济的规范并未百分之百带来市场交易的公正以及社会的稳定。尤其中国的企业文化在某些方面过于追求眼前利益，有助长拜金主义和拉大社会差距的危险。笔者觉得，诸位青年读者不妨借鉴吸收日式经营管理的长处，创造新的中国式经营管理方式，这将会从企业和地方的层面上逐渐解决中国社会目前存在的一些问题。

（1）日资企业在华投资情况

之前提到，在中国的工业领域，外商投资企业在其对外贸易及用工就业等方面发挥了很大作用。在华日企的直接投资数额仅次于中国香港，居第2位。从全行业范围来看，在华日企已有2.5万家，雇用当地员工1000万人。

商业世界弱肉强食，竞争激烈。尤其中国市场，海内外企业残酷竞争，失败者会被无情淘汰。另一方面，企业也不能只顾追求眼前利益，失去了消费者和员工信任的企业同样无法长久生存下去。日企如能发挥日式经营的优势与长处，适应中国水土站稳脚跟，就能从企业和地方的层面上逐渐改变中国社会。

接下来，笔者将介绍几个日企在华投资的案例。

首先是Panasonic。松下公司（现Panasonic，中国大陆仍沿用"松下"的名称）对华投资较早，可上溯到改革开放初期。1978年，邓小平访日时向松下幸之助发出赴华投资邀请，松下公司应邀进入中国。1989年后，众多外商投资企业或从中国撤资或减少在华投资规模，海外对华经济合作趋于停滞。正是在中国处境艰难之时，松下仍坚持按原计划建成松下北京显像管工厂并投产，由此获得中国媒体广泛好评。

回顾松下公司多年在华投资历程，虽也出现过20世纪80年代中期因电视机产品质量问题惨遭中国媒体讨伐的不和谐小插曲，但总体而言该公司非常熟悉中国市场的商业运作。现在，松下在中国的业务据点扩张到近100家，其中制造工厂达67家。2007年荣升中国十大慈善企业之一，同年发布"中国环境贡献企业宣言"。2009年再次发布"中国环境贡献模范企业宣言"，同年被评为"五星级优秀企业公民"。松下日本总公司部分职工已开始直接从中国国内录用。

不过，松下在华业务也并非一帆风顺。2012年夏，青岛松下电子部品（保税区）有限公司遭反日游行暴徒打砸放火。2015年，松下旗下位于山东省内的液晶电视工厂及北京锂电池工厂相继关闭同时裁员。

第二个案例是本田公司。与其他汽车制造商相比，本田进军中国较晚，但1998年进驻广州后市场规模迅速扩大。合资企业广汽本田取得成功的原因有以下几点：

首先，法国标致撤资后，广汽本田是应邀在标致原址上建起来的，借用一句中国老话就是"雪中送炭"，这让不少中国人觉得本田公司非常够义气。

其次，本田自身的品牌形象不错。作为第一个达到美国《马斯基法案》（1970年）苛刻的汽车尾气排放标准的企业，本田的技术声誉也传到了中国。同时，在具备购买力的中国中老年阶层中，不少人都看过《典子》。这部电影讲述了天生没有双手的少女典子的励志故事。本田公司不计成本回报为典子度身定做特殊专用轿车的社会公益精神，也赢得了中国人的好感。

第三点源于本田的中国经营战略。第一任总经理门胁轰二等人将本田的"现场主义"理念深植到员工心中。同时，广汽本田建立起一套完整的销售门店网络，引入日本式制造商与经销商联动体系，努力提升客服质量。

本田在华业务也并非一路顺畅。2010年5月，因为薪金水平不如上海工厂，以及与日籍员工薪资差别巨大等原因，本田位于广州的全资汽车零部件公司有中国籍员工举行罢工，要求提薪，广汽本田的汽车生产被迫停工近一周的时间。

第三个案例是天津伊势丹百货公司。2006年，天津伊势丹百货完成搬迁扩建，3万平方米的卖场面积在中国百货行业中位居前列。能够取得如此优秀的业绩，离不开2001～2007年期间担任总经理的稻叶利彦的卓越经营。稻叶的企业经营特点包括：向员工下达指令时必须按照5W1H[1]的原则进行具体说明；工作业务上的规则要以合同、确认书的形式明确等；贯彻理性、务实的原则。此外，开展员工微笑比赛，公司年会上穿着日本传统和服表演桑巴舞等，通过各式活动拉近员工间感情。

第四个案例将介绍建设机械制造商小松（中国）投资有限公司。小松公司构筑起自有经销、售后网点并以其独特方式加以巧妙利用，获得了商业成功。在有10家外企、14家国内厂商参与激烈竞争的中国液压挖掘机领域，其市场份额在外企业中稳居第一的位置。

小松公司成功的原因主要有两点：

其一，选用当地人才经营代理店。代理店展示用样机由小松出资调拨，分销商库存降为零，此举减轻了代理店的资金压力，从而规避了销售终端产品降价的风险。

其二，引进康查士系统[2]，即在施工机械中安装GPS或其他具有通讯功

---

[1] "5W+1H"指原因（何因，Why）、对象（何事，What）、地点（何地，Where）、时间（何时，When）、人员（何人，Who）、方法（何法，How），也叫六何分析法，这种思考方法在企业管理中得到广泛应用。——译者注

[2] 即"KOMTRAX"，一种电脑辅助销售、控制系统。——译者注

能的装置，将售出机械的运行状况传送回小松数据中心。这样就能了解机械运行状况，有助于销售方回收销售尾款以及预测客户需求。

小松在中国市场的成功，得益于与各地代理店之间通过这种利益共享的方式构筑起的互信关系。①

第五个案例介绍的是安徽省合肥市巢湖水域环境改善工程。该工程受NEDO（日本新能源产业技术综合开发机构）委托，由中日经济协会、三菱化工机械、久保田公司诸方合作，对巢湖进行半径5～10km内的小型生活污水和家畜粪尿无害化处理等综合整治与水质净化。②

巢湖是中国第五大湖泊，面积相当于日本琵琶湖的1.2倍，近年备受蓝藻爆发的困扰。若此次工程中的水质净化系统取得明显成效，经过净化处理后的水可作为农业灌溉、工业用水以及景观用水循环使用。沼气发酵后的残液作为液肥施放农田，发酵产生的气体用于汽车燃料，成功实现多种用途。③虽然见到成效尚需时日，不过，这一项目无疑是中国环保事业与日企商业活动有机结合的一次尝试。

（2）中国的创新革新与旧弊

新加坡国立大学李光耀公共政策学院院长马凯硕（Kishore Mahbubani）认为，1972年尼克松访华后，"美国改变了中国社会"④。这种看法的理由包括，迄今众多中国学生赴美留学，中国人开始拥有私人住宅和家用电器，开始到迪士尼乐园旅游等。

据《中国统计年鉴》记载，正式登记在册的出国留学生人数，1978年为860人，2013年增至41.4万人，实际留学人数可能更多。此外，2013年海外归国留学生超过35万人。改革开放政策不仅推动了中国经济的市场化和国际

---

① 坂根正弘：《绝对优势经营》，日本经济新闻社，2011年。
② 《日中经协期刊》，2011年3月。
③ 高见泽学："通过综合处理来实现安徽省巢湖的水质净化目标"，《化学经济》，2011年3月号。
④ 北泽格译：《"亚洲半球"推动世界》，日经BP社，2010年。

化，更深深影响了中国社会以及人们的思维方式。

然而，与经济、社会的巨大变革相比，中国行政机关的官僚主义作风并没有那么大的变化。2011年7月23日浙江省温州市发生的动车事故及其后续处理就是其中典型的一例。这次事故造成40多人死亡，200多人受伤，却一度不俟彻底调查事故原因便匆匆就地掩埋事故车辆。这种做法只是为了隐瞒不利信息，早早拉下事故大幕，以免死伤者家属和民众的不满情绪升级。不得不说，不负责任、惯于隐瞒的官僚主义作风仍然存在。

日本也存在同样的问题。福岛第一核电站事故发生前的很长一段时间，官方都宣传核电是安全绿色能源。在福岛第一核电站事故处理无法收场、含辐射物质污染水的贮藏能力见顶的情况下，日本政府和电力公司仍欲重开核电站，这种做法是相当不负责任的。

如何才能改变中、日这种官僚主义作风呢？通过政变或革命变更政治体制也许是个办法，但这会伴随流血牺牲造成社会混乱，代价巨大。今日之中国，完全可以充分发挥企业和地方的智慧，逐步缓和贫困和阶层差距问题，自下而上改变社会。

中国领导层及学者中存在持各种不同观点的人。既有要求在现有体制下进行渐进式改革的"现状妥协派"，也有捍卫旧体制的保守派，以及美式市场至上主义者、激进派及稳健的自由派。

2010年4月15日的《人民日报》上，时任总理温家宝发表文章高度评价已故胡耀邦同志经常"深入基层，加强调查研究，密切联系群众"。

由此可窥见当时的革新派与守卫既得权益的保守派之间存在分歧。

（3）亚洲展望

中日间只要发生摩擦，部分日本媒体就数十年如一日地讨伐中国，无形中也将中国对日友好的领导人以及活跃在中日友好战线上的中国官员逼入尴尬境地。

女作家山崎丰子的小说《大地之子》，是一部描写日本二战遗孤虽惨遭命运捉弄，却仍作为中日两国之间友好沟通桥梁而顽强生活的作品。该小说还被NHK拍成电视连续剧，吸引众多电视观众观看。看后观众纷纷落泪。笔者也看过这部剧。剧中的中国养父母救下饥寒交迫濒临死亡的日本人的孩子，并当作自己亲生孩子般抚养长大，他们的善良深深地印刻在了我心里。

1984年，正值笔者作为研究员举家驻留北京期间，山崎丰子也来到中国取材采风，做该部小说的动笔准备。她能够采访到居住在中国的二战日本遗孤，多亏时任中共中央总书记胡耀邦给予的大力支持。

在此之前的1983年，胡耀邦访问了日本。在日期间，胡在日本国会发表演讲，表示将邀请3000名日本青年访华，实现两国青年间的交流。胡还拜访了原子弹爆炸地长崎，给和平公园献花。因此机缘，1985年7月，中国向日本赠送了"和平少女像"，雕像背面镌刻着胡的引首章，上面是"百折千回心不退"（即使屡遭迂回曲折，心意也绝不动摇）的字样，显示了胡对实现和平的决心。

1987年，胡耀邦因为反对资产阶级自由化不力而辞职。事实上，赠送"和平少女像"仅仅一个月后的1985年8月，日本首相中曾根康弘就参拜了靖国神社，这也让胡陷入非常尴尬的境地。对日本人而言，正所谓搬起石头砸了自己的脚。两年后，1989年4月，胡离世。

在日本，无论政党还是经济界、传媒，主流观点仍主张追随美国，以至于无视冲绳民意，执意进行美军普天间基地搬迁至边野古的施工建设。日本国家主义者们还放出日美联合对抗中国之类的言论，但这只不过是他们脱离国际现实的一种幻想，因为中美间的对话与交流相较以前更多、更深、更广。

美国国内已形成了强有力的华人、新华侨人脉网。同时，赴美国留学归国的人员也已进入中国政权中枢，对政策的影响力逐日增强。中国赴美留学生人数达27.4万人，是日本赴美留学生1.9万人的约14倍（2013～2014学年）。

2015年9月，各国首脑赴美参加联合国成立70周年庆典。此时，笔者正好在北京至新疆的旅途中。中国电视、报纸大量报道了习近平主席的访美之行。在最初的到访地西雅图，习主席受到飞机制造商波音公司和当地华人团体的热烈欢迎。

在西雅图，习主席宣布未来三年，中美两国将互派5万名留学生到对方国家学习。同时，在与习主席共同召开的记者招待会上，奥巴马总统宣布计划在2020年前培养100万名美国学生成为懂汉语的"中国通"。中美间的人脉将会越来越深广。

政府和中央银行为进行对外支付或汇率调整而保有的储备资产称为"外汇储备"。"外汇储备"通常为美元等外汇资产或黄金。中日两国因为长期的贸易顺差，外汇储备不断膨胀，居于世界第1位的中国持有3.7万亿美元，位于第2位的日本持有1.2万亿美元（2015年3月统计数据）。

但是，从外汇储备中黄金所占比例来看，欧洲诸国普遍极高，德国为68%、法国66%，欧盟各国平均为56%。而与此相对，中国只有1.0%，日本只有2.4%，比例相当低（2015年2月），这是因为中日两国都将本国巨额外汇储备的七八成用于购买美债等以美元计价的证券，而非增加黄金储备。

2015年2月的统计数据显示，中日两国所持美国国债的数额几乎相同，均约1.2万亿美元。不断地大量购入美国国债，支撑美国不陷入债务违约困境的，正是中国和日本。

2009年，中国国务院宣布将调整外汇储备的资产配置方式，逐渐增加黄金保有量。同时，总部设在北京的亚洲基础设施投资银行，[①]已有包括东南亚诸国、印度、俄罗斯、英国、德国、法国、瑞典在内的57个国家表明加盟意向。中国对世界金融的影响力越来越强。

一战后，美国一度是世界最大对外债权国，分别持有英国42亿美元、法国68亿美元、意大利29亿美元的债权。时至今日，反倒沦为世界最大对外债务国（2015年3月，美国政府的累计债务高达18.2万亿美元，其中对外债务为6.2万亿美元）。

美国中央情报局（CIA）发表的世界对外债务总额排名显示，欧盟

---

① 2015年6月29日，亚投行57个意向创始成员国代表在北京签订《亚洲基础设施投资银行协定》，2015年12月25日，亚投行正式成立。——译者注

（EU）位列第一，美国第二。若从国家级别来看，应是美国的对外债务最多。虽然在排名表上的美国一栏中特意辩解式注明"美元是全球储备货币，外国债权人希望持有以美元计价的债券"（The World Factbook），但这仍然改变不了美国向海外大量借债的事实。

正如已故经济学家加尔布雷斯（John Kenneth Galbraith）曾指出的一样，在美国，"富足的上层阶级"给自己所在的富裕阶层减税，军工金融复合体不断发动战争。如何避免中国重蹈美国贫富差距过大的覆辙，正是需要诸位年轻的一代贡献智慧倾力解决的问题。

日本如果还如现在一般一味追随美国，没有自己的主体判断，那么将来美国和中国有可能会越过日本，商议决定亚洲事务。

1971年尼克松总统宣布访华计划时，日本受到了巨大的打击。在那之前，日本政府一直忠心追随美国的对华政策，反对中国加入联合国，也未在中日邦交正常化方面进行任何尝试。但美国却越过日本，率先在与中国恢复邦交的道路上迈开了第一步。

2013年和2015年的两次中美首脑会谈中，中美两国达成共识，要在承认分歧和摩擦的基础上，推进"新型大国关系"，进行合作。两国自信地认为，美国作为最大的发达国家，中国作为最大的发展中国家，分列世界GDP的第1位和第2位，"（中美关系）是（当今）世界上最重要的双边关系之一"。

日本若不想隐没在中美两国背后，唯有发挥高远的见识以及独有的维护和平的能力，让中美两国都不能忽视。

"3·11"东日本大地震后的今天，日本究竟能为亚洲的和平与共生做些什么呢？

前文已提到，日本在实现经济发展和社会稳定方面积攒了诸多经验。因此，可以发挥日本部分领域的优势，助力亚洲的和平与发展。

日本能够对亚洲和平与共生做出贡献的优势领域主要包括以下三个。

其一，可以帮助亚洲构筑安全可靠的社会经济体系。这需要充实社会性共同资本，包括保护自然环境，完善社会基础设施，构建福利、教育、行政与宏观调控等。

虽然中国高铁宣称自主研发，但运行故障多发，甚至曾经发生事故致人死亡。铁路运行的基本要求是准点、安全。但是能够解决诸如防止车票座位重复发售、处理发车前临时退票等客服方面问题的日本铁路运营管理软件并没随同车辆制造等硬件技术一起出口给中国。专利技术保护的确很重要，但日本也应该大方地将安全运行的企业文化和诀窍传授给亚洲各国。

近年来，中国推进了"四纵四横"的高铁线路建设规划，到2020年前预计铺设的高铁里程达到1.6万公里[1]。泛亚铁路（泛亚高铁线路网）建设构想也已付诸实施。昆明至曼谷一线的老挝境内段业已开工，中老合资公司亦于2011年4月正式开始运作。日本方面也已经提出了修建日韩海底隧道的构想，未来日本的新干线也有可能同泛亚高铁网对接。

日本可发挥的第二个优势领域是，让日本企业的企业文化和市场规范在亚洲各国生根发芽。

在中国，一家名为长江商学院的学校已步入正轨。这家商学院于2002年由香港财团长江集团的李嘉诚创办，设有北京、上海、广州三个校区[2]。长江商学院开设有MBA课程（招收60人）和EMBA课程（招收400名）。EMBA毕业生中有蒙牛的牛根生、阿里巴巴的马云、中海油的傅成玉、TCL的李东生等企业界名人。

李嘉诚本人通过旗下的李嘉诚基金会积极投身于社会公益事业，做出了包括四川汶川大地震时捐款3000万元人民币在内的诸多善举，得到中国政要的高度信赖。不过，香港社会贫富差距过大，且并不太重视社会性共同资本的充实完善。香港企业与大陆私营企业一样追求眼前利益和经济效率，甚至会为此选择裁员。港式经营管理并不一定能够实现社会稳定，缩小阶层

---

[1] 2016年7月20日，国家发展和改革委员会、交通运输部、中国铁路总公司联合发布了新修订的《中长期铁路网规划》（2016～2030），勾画出"八纵八横"的高速铁路网络规划。预计到2020年，全国高速铁路里程将达3万公里。——译者注
[2] 2011年4月，长江商学院深圳校区正式启动。——译者注

差距。

中国和亚洲的消费者很实诚，一旦了解到日本产品质优又安全就会青睐有加，这点从赴日中国游客的"爆买"中可以看出。因此日式经营管理的优势和长处完全可在中国和亚洲得到发扬。日企在企业社会责任（CSR）的推进、企业内部员工的教育、环保技术的传播方面具有相当优势。日企进驻当地后，能够通过影响员工、贸易伙伴、消费者及驻地，慢慢推动当地社会的成熟和稳定。

若为将来整个亚洲子孙后代的环境考虑，那么"脱核电"是无论如何都无法回避的课题。如前所述，对日本而言，向亚洲地区普及"脱核电"的技术及设备也是一个巨大的商机。

日本的第三个优势领域是人才培育。这些人才未来将担负起日本与亚洲间经济文化交流之重任，实现广义上的和平，防止战争。

不管是企业进军海外也好，还是国际合作、国际交流也罢，能否取得成功，最终都取决于一线工作人员的努力与智慧。

进入21世纪后，日本政府出台相关政策积极接纳留学生，以亚洲生源为主的众多留学生赴日学习。高峰时留学生人数达到14.2万人（2010年），东日本大地震后人数有所减少，但也有13.6万人（2013年）。其中，来自中国的留学生人数最多，占60%，其次为韩国、越南。赴日留学生的增加将有助于日本扩大海外人脉。

中国的媒体人王海涛曾这样描述中日关系：

> 曾经，中国改变日本，这是中国文化的骄傲。曾经，日本改变中国，这是中国历史的伤痛。……历史的包袱，让中国人不愿意向日本学习，让中国人对日本既重视又视而不见。[1]

---

[1] 王海涛：《日本改变中国》，中国友谊出版社，2009年。

回顾近现代史，中日甲午战争以及"二十一条"不平等条约等激起了中国人的反日情绪。在日本发动侵华战争的背景下，中国共产党与中国国民党结成抗日统一战线，中国人民对毛泽东和周恩来等人领导的中国革命给予了大力支持。

另一方面，1972年中日邦交正常化，助推中国实行改革开放政策。今后亚洲地区经济交流的深入发展，也必将有益于在亚洲构筑起安全、可靠的社会体系。

辛亥革命已过去100多年，日本侵华战争全面爆发也超过了80年。孙文1924年在神户演讲中提出"（日本）究竟是充当西洋霸道的鹰犬，还是成为东洋王道的干城"的质疑，在国家主义倾向再次抬头的今天仍具有现实意义。

当亚洲各国、各地区，各界、各阶层的人们都为了"反战、不战与脱核电"这一共同目标而合作奋进的时候，亚洲人民就团结在了一起。能够担负起这一沟通桥梁作用的，正是年轻一代的诸位。

后　记

　　本书执笔之际，承蒙各方人士、多家机构团体的帮助，直接或间接获得的启示不可胜数。笔者亦屡屡因年轻人的直率提问而陷入沉思。借此机会，致以衷心感谢。

　　本书论及内容全为笔者个人见解，与任何机构或团体的立场、见解无关。此外，若本书出现错误，与此相关的一切责任均应由笔者个人承担。

　　本书中文版出版之际，得到多方支持。

　　首先，承梁憬君女士和肖燕女士接手本书日文版的翻译工作。两位分别是武汉理工大学和武汉科技大学的日语教师。她们将涉及日本战后史、亚洲各国关系等跨多门学科的内容进行了精准并通俗易懂的翻译，还细心地为中国读者进行了详细的注解。

　　其次要感谢的是为本书在中国国内出版牵线搭桥的常清教授。常清教授身为中国期货协会副会长，同时兼任中国农业大学教授，百忙之中一直关心支持本书的出版。20世纪90年代初，常清教授任职中国国务院发展研究中心研究员，曾作为客座研究员在笔者当时所在单位——日本亚洲经济研究所工作过一段时间。结束为期一年的在日研究工作，他于回国之际提交了关于日本战后市场经济发展和价格体系变化的研究报告。这部内容翔实又富有实证研究的厚重论著获得了研究所内外一致的好评。

　　最后，还要感谢世界图书出版有限公司编辑胡雅芸和刘小芬两位女士对本书原稿细致卓越的审稿和修改工作。

石原享一